Am Strom entlang: Weser

AM STROM ENTLANG

FAHRRADFÜHRER

Weser

Ulrich Herzog

Moby Dick

2. Auflage Juli 1991
Umschlag und Typografie: Arnd Bentlin
Druck: Nieswand Druck, Kiel
ISBN 3-922843-39-5

Inhalt

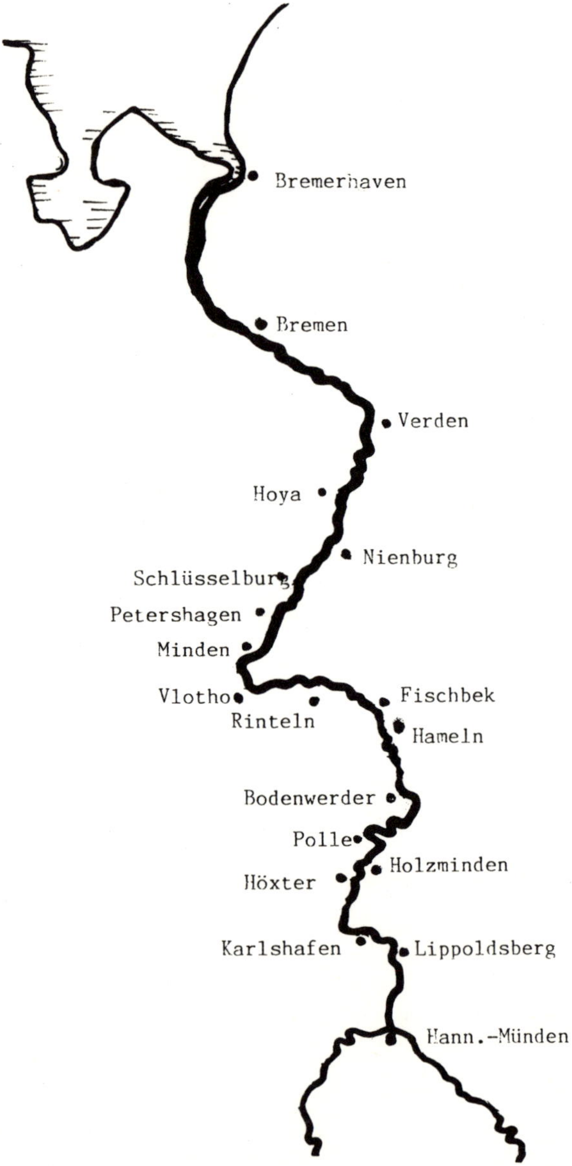

Bremerhaven
Bremen
Verden
Hoya
Nienburg
Schlüsselburg
Petershagen
Minden
Vlotho
Rinteln
Fischbek
Hameln
Bodenwerder
Polle
Holzminden
Höxter
Karlshafen
Lippoldsberg
Hann.-Münden

Ein Radwanderbuch für Individualisten

Streckenführung

Dieses Buch enthält relativ genaue Routenbeschreibungen (für Fehlerkorrekturen bin ich dankbar). Es ersetzt jedoch keine Landkarte. Hervorragend sind die Radtourenkarten des ADFC. Sie geben zusätzlich Auskunft über die "Fahrradtauglichkeit" der einzelnen Straßen, führen Schwimmbäder und Jugendherbergen auf.

Radtourenkarte ADFC
Maßstab 1:100.000

Blatt 16	Münden-Veckerhagen
Blatt 12	Veckerhagen-Minden
Blatt 8	Minden-Bremen
Blatt 5	Bremen-Bremerhaven

Über den größten Teil der 440 km langen Tour sind beide Ufer beschrieben. Nur wo ein Ufer deutlich langweiliger oder schlechter zu fahren ist als das andere, wurde darauf verzichtet. Es sind keine Tagesetappen vorgegeben, das wäre angesichts der unterschiedlichen Interessen der Leser auch wenig sinnvoll. Ich habe versucht, das Buch so aufzubauen, daß du dir auch Teilstrecken herauspicken kannst. Oft sind die markierten Radwege eine gute Hilfe. Leider gibt es weder eine einheitliche Struktur oder Beschilderung noch einen Gesamtüberblick. Wenn es sich von der Richtung her anbietet, solltest du aber nicht zögern, ihnen zu folgen. Die vielen Fähren - besonders an der Unterweser, wo es keine Brücken gibt - lassen zahlreiche Variationen zu. Von Münden bis Bremerhaven ist die gesamte Strecke problemlos mit jedem normalen Fahrrad zu bewältigen; besondere Herausforderungen kannst du dir durch Ausflüge ins Umland selber stellen. Bei dieser Tour gibt es praktisch nirgends Schwierigkeiten, ein Nachtquartier zu finden. Campingplätze und Jugendherbergen sind reichlich vorhanden, kleine Pensionen fast überall zu finden. Wo Übernachtungspreise angegeben sind, beziehen sie sich auf ein Doppelzimmer mit Frühstück.

Radreise und Flußschiffahrt

Für An- und Abfahrt oder zur Überbrückung von Etappen, die man nicht radeln will, sind die Weserdampfer eine gute Alternative zu Auto und Bundesbahn. Fahrpläne kannst du bei den Schiffahrtsunternehmen anfordern.

Oberweser Dampfschiffahrt Inselstraße 3 3250 Hameln 1 Tel. 05151/2 20 16	1. Hameln - Höxter 2. Höxter - Bad Karlshafen 3. Münden - Bad Karlshafen 4. Hameln - Vlotho
Weiße Flotte Warnecke Hauptstraße 39 3250 Hameln 1 Hauptstraße 39 Tel. 05151/3975	Bodenwerder - Polle
Mindener Fahrgastschiffahrt An der Schachtschleuse 4950 Minden Tel. 0571/4 10 46	Minden - Porta Westfalica
Schreiber Reederei Schlachte 2 2800 Bremen Tel. 0421/ 32 12 29	1. Bremen - Bremerhaven 2. Bemen - Farge 3. Bremen - Baden

Weserfähren	Flußkilometer ab Münden	Weserfähren	Flußkilometer ab Bremen
Veckerhagen	11	Vegesack	18
Oedelsheim	25	Blumenthal	22
Lippoldsberg	31	Berne	25
Wahmbeck	36	Harriersand	39
Herstelle	47	Sandstedt	44
Wehrden	60	Sandstedt	44
Polle	92	Dedesdorf	53
Daspe	117	Blexen	63
Hajen	120		
Grohnde	122		
Großenwieden	152		
Veltheim	174		
Schweringen	289		
Bremen-Sielwall	366		

Sehenswürdigkeiten

In der Beschreibung von mehr oder weniger wichtigen Orten und historischen Geschehnissen habe ich mich bemüht, nicht das zu wiederholen, was man in jedem anderen Reiseführer stereotyp nachlesen kann. Die Schwerpunkte sind durch meine persönlichen Vorlieben und Erlebnisse während meiner Wesertouren geprägt. So tauchen regelmäßig kleine Randbemerkungen auf, zu denen die Weser durch ihre Natur, ihre Geschichte Anlaß gibt: Germanen und Römer, Karl der Große und die Sachsen, Christianisierung, Weserrenaissance, Flußschiffahrt, Vögel und Bäume, der Dreißigjährige Krieg, Umweltbelastung. Diese "Specials" sollen keine Belehrungen sein, sondern Anregungen, selbst die Augen aufzusperren. Die Kehrseite der "individuellen" Berichterstattung besteht darin, daß bestimmte Stätten, die als Sehenswürdigkeiten gelten, nicht beschrieben werden. Hier kann ich dich nur bitten, dieses Buch durch eigene Neugierde zu ergänzen.

Wie wurde recherchiert?

Den größten Teil der Strecke radelte ich zusammen mit meinem Sohn Jakob, der auf seinem 24"-Rad phantastisch mithielt. Um auch den Weg am anderen Ufer beschreiben zu können, unternahm ich viele kurze Extratouren mit kleinem Gepäck. Qualifizierte Informationen, gesammelt vom Fahrradsattel aus, verdanke ich den Mountain-Bike-Enthusiasten Birgit Leopold und Gabriele Pauli, die sich vor allem in rauhem Gelände zu Hause fühlten. Als "Windhund des Apshalts" ließ Arnd Bentlin Hunderte von Straßenkilometern unter den Hochdruckreifen seines Randonneurs abspulen. Seine Straßenzustandsberichte und gastronomischen Erfahrungen sind ebenfalls in dieses Buch eingeflossen. Ihnen allen sei herzlich gedankt.

Symbole

Streckenhinweise

Übernachtung

besondere Hinweise

und außerdem: MTB heißt Mountain Bike

Der Weserstrom

Die Radreise beginnt in Hannoversch Münden (offiziell Hann. Münden, kurz Münden genannt). Das ist bekanntlich kein Ort, an dem ein Fluß entspringt. Dafür bekommt der - bereits vorhandene, schon 292 km "alte" Fluß Werra in Münden einen neuen Charakter und einen anderen Namen. Hier entsteht aus der Vereinigung der beiden Quellflüsse Werra und Fulda die Weser. Betrachtet man den Strom in seiner Gesamtgestalt zwischen Quelle und Mündung, muß man die Werra zur Weser rechnen. Das beweist nicht zuletzt der germanische Name des Gewässers. Das Wort "Wisuraha", von den Römern in "Visurgis" abgewandelt, läßt sich unschwer in Werra und in Weser wiedererkennen.

Leider können wir die Kinderstube und die Flegeljahre der Weser nicht nachvollziehen, wie es sich eigentlich für eine anständige Flußtour gehört. Wenn sich die Abneigung der DDR gegen West-Radler einmal gegeben hat, werden wir einen Werra-Führer nachreichen...

Was erwartet uns nun auf den 440 Kilometern, die vor uns liegen? Die Weser wird uns zunächst von Münden bis Minden durchs Weserbergland führen. Bramwald und Reinhardswald, Solling, Hills, Ith, Vogler, Osterwald, Süntel, Wesergebirge, Deister und Bückeberge begleiten den Fluß bis Minden. Sie schenken dem Weserland den begehrten Sandstein und den Reichtum ihrer Wälder. Im Spiel mit den Höhenrücken windet sich die Weser durch sanfte Täler und überraschende, malerische Engtalstrecken. Sie vereinigt sich mit mit einem guten Dutzend Tochterflüssen. Wie um sich aus der Umarmung der Berge zu befreien, durchbricht der Fluß den Kamm des Wesergebirges an der Porta Westfalica. Von hier bis Bremen lehrt uns die Weser das Zusammenspiel von Geest und Marsch, von Urstromtal und heutigem Flußbett. Die Landschaft ist weitläufiger als in den Bergen, doch am Horizont sehen wir immer den dunklen Strich des Geestrükkens. Erst nach Bremen dehnen sich die grünen Marschen unübersehbar weit. Mit dem Westwind kommen die Möwen ins Binnenland gesegelt, es riecht nach Meer, der Fluß atmet im Rhythmus von Ebbe und Flut. Ständig erinnern uns die Deiche daran, daß das fruchtbare Land ein Geschenk des Meeres ist. Bis zum Meer, dem Ziel aller Flüsse, begleiten wir die Weser. Bei Bremerhaven ist die Reise zu Ende.

Weserdreck

"Der Mensch kann ein kurzes Bad in der Weser durchaus schadlos überstehen", meinte der Bremer Gewässerbiologe Schirmer. Eine Aussage, die mich mehr erschüttert als alle Zahlen über den Umfang ihrer Verschmutzung. Schirmer widmet sich seit 1976 der Untersuchung des schmutzig-bräunlichen Weserwassers. Seine fatale Diagnose stützt sich auf rund 100 000 Proben und bestätigt das Bild, das auch Greenpeace durch seine Flußerkundungen gewonnen hat.

Stichwort Salz

Es sind vor allem die thüringischen Kaliwerke, die Werra und Weser in äußerlich muntere, in Wirklichkeit völlig verarmte Salzlaken verwandeln. Obwohl die DDR unter Beweis gestellt hat, daß die Umstellung auf andere Produktionsverfahren technisch machbar und ökonomisch wie ökologisch sinnvoll ist, geschieht an der Werra bisher nichts. Sie erreicht die Weser zwei- bis dreimal so salzig wie die Nordsee! Ein biologisch totes Gewässer, und mit der Weser steht es nicht viel besser. Dabei hat das Salz als Wirtschaftsgut früher eine immense (positive) Bedeutung für das Weserland gehabt. Mächtige Steinsalz-Vorkommen und salzhaltige Quellen sind seit der Germanenzeit bekannt und begehrt gewesen - nicht nur als Würze, sondern vor allem als Konservierungsmittel. Das kostbare weiße Gut wurde stromab nach Bremen verschifft, wo es die Hansekoggen an Bord nahmen. Von ihren Bergen- und Ostseereisen brachten sie Salzheringe zurück, die nun den selben Weg retour nahmen.

Stichwort Schwermetalle
Zwischen Bremen und Bremerhaven ist die Cadmiumbelastung höher als in Elbe und Rhein. Der Gehalt an Cadmium, Blei, Nickel und Zink beträgt hier zum Teil das Fünfzigfache des Normalwertes. Bei Bremen ist es am schlimmsten; in Bremerhaven hat die ermattete Weser den Dreck schon teilweise an das Meer weitergegeben.

Stichwort Frühjahrs-Hochwasser
Was aussieht wie ein gewaltiges Großreinemachen der Natur, bewirkt in Wirklichkeit das Gegenteil. Die kranke Aller zum Beispiel spült bei Hochwasser besonders viel giftiges Cadmium (es stammt aus den alten Bergwerken des Harzes und vom Kunstdünger) ins Grundwasser, in die Weser und anschließend ins Wattenmeer.

Stichwort Fische
Störe, Lachse, Alsen und Nordsee-Schnäpel wanderten früher weseraufwärts, um dort zu laichen. Seit 1910 sind sie verschwunden.

Quappen lebten in der Unterweser und laichten weiter stromauf. Seit dem Ausbau des Hemelinger Wehrs 1915 haben sie die Weser verlassen.

Kaulbarsche und Finten gehören zu den standorttreuen Fischen, denen offenbar Dreck und Sauerstoffmangel den Garaus gemacht haben. Seit den sechziger Jahren werden sie praktisch nicht mehr gefangen.

Von 13 Fischarten, die vor 100 Jahren auf dem Speisezettel standen, sind heute noch vier geblieben. Laut Greenpeace weisen aber 90 % der Weserfische Erkrankungen auf. Die Angler, die ich unterwegs traf und befragte, wollten mir alle nicht verraten, ob sie den Fisch auch verzehrten. Entweder schämten sie sich, daß der Weserfisch auf den Teller kam, oder es war ihnen peinlich, daß sie nur zum Vergnügen angelten. Erschreckend ist auch die Zuwanderung neuer Tierarten.

Unter den Steinen am Weserstrand findet sich statt Bachflohkrebsen (früher ein sicheres Anzeichen für saubere Gewässer) immer öfter ein Salzwasserkrebs, der normalerweise nur im Meer zu Hause ist.

Weserschiffahrt

Der Erfinder der Dampfmaschine, der Hugenotte Dionysius Papin, kam 1707 nach Münden geschippert. Angeblich in einem Ur-Dampfschiff, das von aufgebrachten Weserschiffern zerstört wurde. Tatsächlich aber glitt er wohl in einem handbetriebenen Schaufelradkahn stromab. (Der allerdings kam nicht über die Stadt hinaus, weil die Mündener Schiffergilde auf ihr Stapelrecht pochte). Papins Visionen fielen für lange Zeit in Vergessenheit; auf der Weser verkehrten die traditionellen Frachtschiffe. Meist im typischen Dreierverband aus "Mast", "Hinterhang" und "Bulle". Lief ein Schiff auf eine Kiesbank,

Bald werden "Eurokähne" die Weser befahren

so wurde Anker geworfen und alle Schiffsknechte spannten sich gemeinsam vor einen mitgeführten Pflug. Er lockerte den Grund auf, die Strömung schob das Hindernis von selber weg.

Die Weserschiffahrt hatte ihre Härten, zum Beispiel den Treidelzug stromauf. Erst im 19. Jahrhundert wurden Pferde vorgespannt (4 - 8 pro Schiff), vorher waren es Menschen. Ganze Dörfer waren auf den Verdienst aus dieser Knochenarbeit angewiesen - um 1800 sollen allein im Raum Achim 1300 Familien vom Treideln gelebt haben. Von Bremen bis Hameln waren bis zu 70 Männer nötig, um eine "Mast" gegen den Strom zu ziehen. Eine Reise flußaufwärts von Bremen bis Münden dauerte unter diesen bedingungen einen ganzen Monat. An der Weser muß damals ein quirliges Treiben geherrscht haben, und die Treidel- oder Leinpfade waren weniger verträumte Wege, als vielmehr Trampelpfade mit geschäftigem Hin und Her. Und mit gehörigem Lärm, denn die Zieher galten als notorische Rauhbeine.

Zum harten Alltag gehörten auch die Hindernisse im Fluß: Felsriegel und Engstellen, Untiefen, Geröll und verkeilte Baumstämme. Obendrein war die Flußräuberei für manchen Ritter Profisport. Bei Schiffbruch nahm sich der Grundherr, was die Bauern übriggelassen hatten.

Erst 1819 bekamen die Uferbewohner zu sehen, was Weser-Dampfschiffahrt bedeutet: Die "Herzog von Cambridge" schaufelte sich von Bremen nach Münden. Heftig qualmend, von Menschen und Pferden gezogen, an den heiklen Stromschnellen auch durch Winden unterstützt, brauchte der 35 Meter lange Steamer elf Tage. Pionierzeiten ... Kaufleute schüttelten die Köpfe und stellten das Experiment vorerst ein. 1836 pflügte der erste Dampfer der Mindener Personen- und Schleppdampferschiffahrt die Weserwellen. In den nächsten Jahrzehnten trug der Strom eine Flut von Auswanderern zur Hansestadt hinab.

Die traditionsreiche Flößerei hat das Bild der Weser noch bis nach dem Zweiten Weltkrieg belebt. Eine schöne Einführung in die Arbeit der Flößer gibt ein Büchlein der Gemeinde Oberweser (siehe Literaturliste).

Münden: Start in der Stadt

Anreise und Übernachtung
Mitten in der Fulda liegt der Campingplatz (das Inselchen heißt Oberer Tanzwerder). DJH gibt es auch. Hotels? Ob du willst oder nicht, praktisch jeder Weg führt dich zum größten Haus am Platz: Hotel "Schloßschänke", vis-à-vis vom stadtbeherrschenden Welfenschloß. Freundliche Leute, aber recht teuer und nicht sehr anheimelnd. Günstiger ist es im Restaurant "An der Hafenbahn" auf der anderen Seite der großen Steinbrücke. Sollte alles belegt sein, drehst du den Lenker gen Osten und fährst aufs Land. Auf der Landstraße oder auf der B 80 kommst du nach Laubach (der Name, so Jakob, klingt "wie ein im Regen aufgeweichtes Brötchen"). Hier und in dem nächsten größeren Ort, Hedemünden, finden sich zahlreiche Pensionen und Fremdenzimmer, Richtpreis DM 50.-

Falls du außerhalb übernachtet hast: Hedemünden - Hann. Münden

Die B 80 von hier nach Hann.Münden ist stark befahren, hat aber einen breiten Seitenstreifen und versöhnt durch die freundlichen Berghänge des Werratals. Bald rollst du unter der gigantischen Autobahnbrücke hindurch, die wie ein Peitschenschlag über das Flußtal fliegt: 50 Meter hoch, 400 Meter weit, mit roten und weißen Sandsteinquadern verkleidet. Von hier kannst du gleichzeitig eine nostalgische Eisenbahnbrücke erblicken. Zwischen beiden reckt ein abgestorbener Baum die Äste in den Himmel...

Hann.Münden

Immer wieder wird Alexander von Humboldt zitiert, der Münden zu den sieben am schönsten gelegenen Städten der Welt zählte. Vielleicht würde er das heute, wo die Salzwellen der Weser ans Ufer schwappen und die umliegenden Wälder still versauern, anders sehen. Trotzdem bleibt Münden ein schöner Flecken, ein Musterbeispiel für gelungene, kluge Altstadtsanierung. Über 400 original windschief renovierte, zum Teil reichverzierte Fachwerkhäuser recken sich über den Straßen und Gassen in die Höhe. 21 davon im gotischen Stil ("Ochsenkopf" von 1405, mit drei Stockwerke hochreichenden Fachwerkständern), 178 stammen aus der Renaissance (vor dem 30jährigen Krieg), der Rest ist Barock und Rokoko. Das prächtig verzierte Rathaus verlockt dazu, für ein paar Minuten abzusteigen und nur zu schauen. Das Schloß dagegen taugt am besten als wuchtige Kulisse, innen interessanter als außen: Hier ist das Museum untergebracht.

Städtisches Museum im Welfenschloß
Eintritt frei
Di-Frei 10-12, 16-18 Uhr
Sa, So 10-12 Uhr

Neben Schloß und Rathaus prägt der Achteckturm der St.Blasii-Kirche das Panorama. Mehr als die barockschnörkelige Kirchenkunst interessierte mich eine gewaltige Altarplatte aus Solling-Sandstein, die so viel "frommer" wirkt.

Dr. Eisenbart, Arzt und Unterhaltungskünstler

Beim Schlendern oder Radeln durch die Innenstadt kommst du unweigerlich zur holzgeschnitzten Figur des Dr. Eisenbart (am Obergeschoß einer Hausfassade angebracht). Sie gehört zum Sightseeing-Pflichtprogramm. Der berühmt-berüchtigte Medicus mehrte den Ruf Mündens allerdings nur dadurch, daß er 1727 hier eintraf, um fünf

Tage später das Zeitliche zu segnen. An der Ägidienkirche findest du seinen Grabstein. Das Spottlied "Ich bin der Doktor Eisenbart" entstand erst lange nach seinem Tod. Es reduziert die Persönlichkeit des reisenden Heilers auf Stories wie:

Des Küsters Sohn in Dideldum,
dem gab ich zehn Pfund Opium,
drauf schlief er Jahre, Tag und Nacht,
und ist bis heute nicht erwacht.

Tatsächlich muß er ein tüchtiger, überaus erfolgreicher Mann gewesen sein. Nur sah seine Praxis bei weitem unterhaltsamer aus als die eines heutigen Arztes, denn er inszenierte sie als Show in voller Öffentlichkeit. Trommeln, schrille Musik, lautes Geschrei: "Kommt zum Marktplatz, ihr ehrenwerten Bürger! Es gibt sich die Ehre der hochedle, hochgelahrte Doctor Johannes Andreas Eisenbart: Königlich Großbritannischer und Churfürstlicher privilegierter Landarzt, Königlich Preussischer Rat, Hofoculiste von Magdeburg. Er wird, mit Permission der hochlöblichen Obrigkeit, Sieche kurieren und Gesunde ergötzen. Vernehmt die Kunde wunderbarer Heilungen! Seht Gaukeleien, Mirakel des Orients und Genesungen! Kauft die wohlfeile, allesheilende Mixtura Salvans Ad Libitum, bevor der Doctor weiterreist zum dänischen Königshof! Der hochberühmte Chirurgus wird hierselbst Knochen richten, das Fieber und die Blähsucht vertreiben sowie den Aderlaß praktizieren..."

Wohlstand und Untergang

Versäume nicht, dir beim Stadtbummel die alte Werrabrücke anzusehen; es ist die erste von vielen, die wir aufmerksam betrachten werden. Sie ist eine der ältesten Steinbrücken Deutschlands, fünf ihrer Bögen stammen aus dem Jahre 1329. Als wir über das Hoppelpflaster auf die Häuser der Stadt zufuhren (kühn entgegen der Einbahnstraße), stellte ich mir vor, wie diese Brücke Jahrhundert um

Zweitausend Striche, zweitausend Tote

Jahrhundert geduldig ihre Last getragen hat. Sie hat Glanz und Geld, Elend und Blut gesehen.

Die Mündener reizten ihre geographische Schlüsselposition gekonnt aus. "Stapelrecht" lautete das profitträchtige Privileg der einflußreichen Schiffer und Kaufleute. Danach durfte der Weitertransport aller Güter nur durch die ansässigen Schiffer vorgenommen werden. Was bedeutete, daß alle Frachtschiffe hier entladen wurden. Speicher zum Stapeln der Fracht wurden vermietet. Obendrein mußten alle Waren drei Tage lang in Münden zu Vorzugspreisen zum Verkauf angeboten werden. Die Wirtschaft blühte. Was als schlichtes Gewohnheitsrecht begonnen hatte, verteidigten die geschäftstüchtigen Bürger mittels gewagter Schummeleien. In einer Fehde zwischen Braunschweig und Hessen beriefen sie sich auf angeblich echte Privilegurkunden aus grauer Vorzeit; und später nervten sie Kaiser Rudolf so lange, bis er ihnen 1589 ihr Monopol mit Brief und Siegel bestätigte. Beinahe 600 Jahre, von 1247 bis 1823, konnten sich die Mündener an dieser Pfründe erfreuen. 1644 wurde die Mündener Schiffergilde gegründet. Sie sorgte für anständiges Fahrwasser bis nach Hameln und durfte dafür in Grohnde mit einem "Mastgeld" zur Kasse bitten. Ein Stück weiter stromab machte es die Vlothoer Schiffergilde ebenso. Zudem gab es auch noch den Zoll, der jeden Handelsreisenden schröpfte. Die Zollurkunden sind aufschlußreiche Dokumente, weil sie alle Handelswaren registrierten: Kalk, Sandstein, Eisen, Getreide, Butter, Bier und Wein, Salzhering und Leder, Öl, Feigen, Tuche...

Soweit die Glückssträhne, während der Münden sogar zur Residenzstadt aufstieg. Die Glanzzeit währte bis in den Dreißigjährigen Krieg. Der Sturz war um so schrecklicher.

Auf der vorigen Seite siehst du 2000 Striche. Sie stehen für ebensoviele Männer, Frauen und Kinder, die am Pfingstmontag 1626 von der Soldateska Tillys umgebracht wurden. Damit blieben nur noch eine Handvoll Einwohner am Leben. Eigentlich hatten sich Bürgermeister und Stadtrat für die kampflose Übergabe der Stadt entschieden. Dem widersetzte sich der Kommandeur der dänischen Garnison. Der Grund: Er war von den Kaiserlichen desertiert; ihm drohte der Strick. Irgendwie gelang es ihm, die Bürger zum Widerstand zu bewegen. Am vierten Tag wurden die Mauern gestürmt. Während die Sieger alles massakrierten, was sich bewegte, ließ sich der Herr kommandierende Offizier von einem Diener standesgemäß erschießen.

Die Weser färbte sich rot und trug die Leichen der Menschen, die in den Mauern Mündens gelebt und gelacht hatten, stromab.

Tränen des Vaterlandes, Anno 1636
Andreas Gryphius

Wir sind doch nunmehr ganz, ja mehr als ganz verheeret.
Der frechen Völker Schar, die rasende Posaun,
das vom Blut fette Schwert, die donnernde Kartaun
hat aller Schweiß und Fleiß und Vorrat aufgezehret.

Die Türme stehn in Glut, die Kirch ist umgekehrte,
das Rathaus liegt im Graus, die Starken sind zerhaun,
die Jungfern sind geschändt, und wo wir hin nur schaun,
ist Feuer, Pest und Tod, der Herz und Geist durchfähret.

Hier durch die Schanz und Stadt rinnt allzeit frisches Blut.
Dreimal sind schon sechs Jahr, als unsrer Ströme Flut,
von Leichen fast verstopft, sich fort gedrungen.

Doch schweig ich noch von dem, was ärger als der Tod,
was grimmer denn die Pest und Glut und Hungersnot:
daß auch der Seelenschatz so vielen abgezwungen.

Um das Grauen abzuschütteln, fährst du am besten auf den Tanzwerder, das dreieckige Inselchen zwischen den drei Flüssen. Unter einer alten Kastanie, direkt am Geburtsort der Weser, steht der legendäre Weserstein. Damit man dir die Radtour später glauben wird, drück einem Touri die Kamera in die Hand und laß dich vor der Inschrift ablichten!

Wo Werra sich und Fulda küssen
Sie ihren Namen büssen müssen
Und hier entsteht durch diesen Kuss
Deutsch bis zum Meer der Weser Fluss

Schlichte Reime, aber tatsächlich ist die Weser der einzige Strom, dessen Ursprung und Ende und sämtliche Nebenflüsse in unserem Land liegen. Doch nun endlich rauf aufs Rad - up, up and away!

Im verwunschenen Reinhardswald

Linkes Flußufer: Münden - Veckerhagen - Reinhardswald - Gieselwerder - Fähre Wahmbeck

Auf der schwankenden Hängebrücke überquerst du die Fulda. Geradeaus geht's auf die B 80; kühne MTB-Fahrer halten sich aber rechts und huschen verbotenerweise den schmalen, blumenumwachsenen Fußweg entlang. Links und rechts die hölzernen Tipis der Mündener Laubenpieper. Kleiner Umweg, und man stößt auf die laute (ätzende) Bundesstraße.

Nach 5 km liegt rechts Hilwartshausen, heute ein stattlicher Gutshof. Um das ehemalige Kloster, von dem heute nichts mehr zu sehen ist als ein tausendjähriger Säulenrest im Garten, ranken sich seltsame Legenden. Es war eine Zwillingsabtei zu beiden Ufern der Weser - angeblich Mönche hie, Nonnen dort. Erstere sollen einen Gang unter der Weser hindurchgewühlt haben zum Zwecke heimlicher Besinnungsstunden mit den Nonnen. Die Sache mit dem Tunnel war natürlich ein albernes Männergerücht. Weit bedeutungsvoller schien den Frommen des Mittelalters, daß Hilwartshausen im Besitz einer ansehnlichen Reliquie war. Es handelte sich um den Schädel der Elisabeth, der Mutter Johannes des Täufers. Angeblich, denn die klerikale Andenkenbeschaffung war wenig zimperlich, wenn es um "heiliges" Gebein ging.

Hast du Zeit, drängt es dich zum Wasser hin? Der Weg zu dem früheren Klosterhof endet an einer verwaisten Fährstelle. Es ist still hier. Zum erstenmal kannst du die Weser in Ruhe betrachten, wie sie sich glatt und geschmeidig auf die Reise begibt. Drüben liegt noch einmal Hilwartshausen (siehe nächstes Kapitel).

Nach 15 bis 20 Minuten erreichst du Vaake. Auffallend ist der Kirchturm mit dem gotischen Treppengiebel. Im Innern der Wehrkirche sind Fresken aus dem 14. Jahrhundert zu sehen. Wenn du ein Freund von Friedhöfen bist, mußt du dir hier die vielen gußeisernen Kreuze ansehen.

In Vaake endlich runter von der Autostraße und rechts ab auf den Weseruferweg!

In Veckerhagen beginnt der Abstecher in den verwunschenen Reinhardswald. Der struppige Bergrücken verleiht, ebenso wie der gegenüberliegende Bramwald, der Oberweser ihren urwüchsigen Charakter (naja, mit den Rocky Mountains nicht zu vergleichen, aber immerhin...). Deshalb gehört dieses kleine Höhenerlebnis einfach zur Tour, zumal die Sababurg samt Tiergehege und Urwald ein lohnendes Ziel ist. Wenn dir diese Steigungen aber nicht schmecken, folgst du einfach der Uferstraße.

In Veckerhagen links Richtung Hofgeismar.

Sanft steigt die Straße an, von alten Eichen beschattet. Rechterhand ein Wildschutzgebiet. Bald stößt du auf einen romantischen Rastplatz namens "Blaue Maus", gelegen an einem murmelnden Bächlein. Weiter oben gelangst du zu den silbernen Stämmen des Buchenhochwaldes. Und siehst, daß das Waldsterben nirgends haltmacht... Einer Gruppe verschlungener Baumstämme gab Jakob den Namen "Fünf Buchenbrüder verteidigen sich Rücken an Rücken gegen die Luftverschmutzung."

Rechts ab (Norden) zur Sababurg. Oben auf der Hochebene kannst du genießen, wonach du dich im Flußtal noch sehnen wirst: hinreißende Fernsicht. Idyllisches auch nahebei: Waldwiesen aus dem Bilderbuch mit Eicheninseln und Farnkrautmatten. Dennoch, auf der Straße brummt, wenigstens am Wochenende, der Verkehr. Woran man gerade als Radfahrer die Absurdität einer sogenannten Märchenstraße erkennt - per PS mitten rein in die Romantik.

Mal bitte aufpassen:
Rechts ein kleiner Parkplatz mit Rundweg-Karte. Vergiß ihn, weiter! Links ein Schild "Wanderweg R in 250 m". Der Weg "R2" führt zum Wildpark beziehungsweise zur Sababurg. Vorn siehst du schon links einen Parkplatz, dort links ab. An einer Gabelung ein Bäumchen mit einer albernen Widmungstafel. Hier rechts.
(Wir fuhren nach links, rauschten munter zu Tal und verirrten uns herzhaft wie weiland der Prinz auf der Suche nach Dornröschen. Erst ein freundliches altes Ehepaar in einem Ponywagen schickte uns auf den rechten Weg). Also, wie gesagt: rechts. Forsch bergab und unten links. Eine Strecke, auf der du die Nüstern blähen und Juhu schreien wirst. Erst kurz vor dem grauen Burggemäuer schaltest du auf kleinsten Gang, um die steile Auffahrt emporzukurbeln. Klopf dir ruhig selbst auf die Schulter: Du hast dich auf 335 Meter emporgekämpft, fast ein alpines Erlebnis.

Sababurg - die Dornröschen-Recherche

Es stimmt nicht, daß die Sababurg im 14. Jahrhundert zum Schutz des Wallfahrtsortes Gottsbüren errichtet wurde. Ebenfalls ist unzutreffend, daß die hessischen Landgrafen sie nach der Zerstörung 1460 als Jagdschloß wieder aufbauten. Richtig ist vielmehr, daß hier Dornröschen lag und schlief. Wir waren hauptsächlich hergeommen, um diese märchenhafte Vergangenheit zu recherchieren. Zumindest schien das geschichtsträchtige Gemäuer seinen Zauber noch nicht verloren zu haben: Auf der Terrasse hatte eine Reihe Besucher Schlafstellung eingenommen. Meditative Nachahmung von Dornröschens hundertjähriger Starre? Mehrere unternehmungslustige Prinzen streiften funkelnden Blickes umher, in rüstungsähnliche Lederkombis gehüllt, die bunten Turnierhelme am Arme schlenkernd. Bei ihrem Anblick

Die freundliche Hüterin des Dornröschenschlosses

waren wir erleichtert über das Fehlen der Dornenhecken, in denen die Dornröschenprinzen bekanntlich hängengeblieben waren.

Die überzeugendste Gestalt war die betagte, freundliche Kartenverkäuferin. Wir vermeinten mit Sicherheit, in ihr die "Frau mit der Spindel" zu erkennen. Der Turm, in dem sie saß und spann, ist nebenbei der schönste Teil der Sababurg. Gebaut aus wuchtigen Feldsteinen, schiefergedeckt und umrankt von buntem Weinlaub. Ich lauerte zehn Minuten mit der Kamera im Anschlag, bis ein herbstliches Weinblatt fotowirksam von der Wand trudelte. Warum ist die Sababurg eine Ruine? Von Dornröschen und ihrem Prinzen wird berichtet, "sie lebten glücklich und zufrieden bis an ihr Ende". Es waren spätere Besitzer der Burg, die vor 100 Jahren die Dächer abrissen, wahrscheinlich um Baumaterial zu gewinnen. Nicht lange darauf begannen die stolzen Gemäuer zu verfallen ...

Der Eintritt für die Burgbesichtigung ist übrigens so gering, daß man der Kartenfrau ruhig ein kleines Trinkgeld geben kann. Das tun nur wenige, und sie freut sich.

Wildpark Sababurg

Du bist ein Tierfreund? Hinter einer 4,5 Kilometer langen Mauer liegt zu Füßen der Burg der älteste Tierpark Deutschlands, 1589 gegründet von Wilhelm IV. In dem großzügigen Gehege, das immer noch so natürlich wirkt, als habe man lediglich ein Stück der umgebenden Wälder eingezäunt, streifen ehemals heimische Wildarten umher.

Massig und wendig zugleich: der Wisent

Hier steht, neben Hirschen, Elchen und Tarpanen, eine Herde Wisente. Die urigen Waldrinder sind schon im Nibelungenlied beschrieben:

Mit ihren scharpfen Geren sie wolden jagen Swin,
Beren und Wisente; waz kunde kueneres sin?

Die Jagd auf die zottigen Riesen war außerordentlich gefährlich, denn trotz ihrer Masse (Schulterhöhe bis 1,90 Meter, Körperlänge bis 3,50 Meter) sind sie äußerst gewandt. Karl der Große war ein leidenschaftlicher Jäger, und er hat sich viele Monate an der Weser aufgehalten. So halte ich es für wahrscheinlich, daß er im Reinhardswald Jagd auf Wisente gemacht hat. Noch im 16.Jahrhundert werden sie hier heimisch gewesen sein.

Zur Tourizeit ist der Trubel im Zoo unerträglich; schon der Parkplatz ist ein Radler-Alptraum. Dann heißt es:

Abstecher zum Urwald

Den kurzen Trip (3 Kilometer nach Westen Richtung Hofgeismar) solltest du nicht versäumen. Linkerhand liegt, seit hundertfünfzig Jahren unberührt, ein "Hutewald". Darunter verstand man einen Wald, in dem Vieh geweidet werden durfte. Vor allem werden es Schweine gewesen sein, die der Hirt hierher trieb, damit sie in der herbstlichen Eichel- und Bucheckernmast Fett ansetzten. Und während die Ferkel schmatzten, grunzten und sich suhlten, lag der Schweinehirt unter dem Laubdach einer "Huteeiche" aus grauer Vorzeit und sang "O du lieber Augustin" ... So ist der Urwald erhalten geblieben: natürlich-lebendiges Mittelalter, wo sich ehrfurchtgebietende Baumgreise ein Stelldichein geben. Die ältesten Eichen sind 600 Jahre alt. Aus den grünen Fächern der Farne sehen die schrundigen Rücken umgekrachter Stämme hervor. Überall Vogelstimmen und das Klopfen der Spechte. Es ist ein Ort von wilder Melancholie, wie sie die Romantiker so gerne in ihren Bildern eingefangen haben.

In seiner Tiefe verlieren sich die Sommerfrischlertrupps schnell; wir jedenfalls waren bald allein. Irgendetwas an der feierlichen Stimmung im Wald ließ uns von den Mountain Bikes absteigen und die Räder schieben - man kam sich selbst mit dem Fahrrad beinahe vor wie ein Motorisierter.

Zurück zum Fluß: Sababurg - Weißehütte - Gieselwerder

Vom Urwald geht es wieder zur Sababurg und weiter in östlicher Richtung. Am Forsthaus vorbei stößt du nach 2 Kilometern wieder auf jene Höhenstraße, von der du zur Dornröschenburg abgebogen bist. Hier führt der Wanderweg "R2" nach Weißehütte beziehungsweise, weiter oberhalb, zum Haus an der Olbe (siehe Übernachtung).

Jetzt heißt es, Gepäck festzurren und Gebiß zurechtgerückt: Die Abfahrt durch den Wald ist eine stürmische Schotterflitze. Phantastisch für Mountain Bikes, aber auch für andere Räder zu fahren.

Voila, die Weser. Schumacher hat diesen Flußabschnitt einfühlsam beschrieben:

> *"Bald breitet sich ein großes und schönes Tal vor unsern Blicken aus, mit einer reichen Fülle landschaftlicher Reize von der Natur geschmückt. Inmitten stiller und dunkler Wälder rauschen die Fluten der Weser ernst und schweigend dahin, und hier, wo ein kleines Bächlein in schnellem Laufe sich dem mächtigen Strom zugesellt, erheben sich die ehrwürdigen Reste der weitberühmten Benediktinerabtei Bursfelde."*

Hinter Weißehütte biegst du rechts auf den Weser-Radwanderweg ab, um gleich darauf eine erstklassige "Grillstation" zu passieren (warum hatten wir keine Wurst dabei??). Wir begleiten den Fluß bis Gottstreu, einem stillen Straßendorf. Hier gründeten Waldenser, die aus ihrer Heimat Piemont vertrieben worden waren, um 1720 eine Kolonie. Wenn du dich ein wenig im Ort umsiehst, findest du noch französische Inschriften und Familiennamen. Mehr über die Geschichte der Glaubensverfolgten bei der Ortsbeschreibung von Karlshafen.

Die Straße führt weiter nach Gieselwerder, das sich mit ein paar anderen Dörfer den unsinnigen Gemeindenamen "Oberweser" teilen muß. Nimm dir doch eine Viertelstunde Zeit, um durch den Ort zu radeln. Gieselwerder ist ein gutes Beispiel für schöne Fachwerk-Architektur. Charakteristisch sind die hohen Giebel, die verschnörkelten Inschriften der Kopfbänder und bemalte Verzierungen wie Spiralen, Räder, Blumen, Sterne. Gleichzeitig stößt du auch auf krasse Schandflecken wie die Kreissparkasse, die sich brutal vor die Kirche geschoben hat. Die Broschüre "Fachwerkhäuser in Oberweser", die du im Haus des Gastes kaufen kannst, schärft den Blick für diese Dinge.

Erfrischung gefällig? Es gibt ein beheiztes Freibad.

Essen in Gieselwerder
Solltest du hier auf den Gedanken kommen, deine kostbaren Radlerkalorien zu ergänzen, dann stehen zwei Restaurants zur Auswahl. Neben der auffälligen Fachwerkkirche (der letzten, die in Hessen erbaut wurde) liegt ein uriger Landgasthof. Behäbige Treppe, altes Gemäuer, Eichenbalken - ganz der Traum des nostalgischen Städters. Auf der anderen Seite der Chaussee, die Straße heißt "In der Klappe", findest du das spießig aussehende "Café Scholle". Wenn dir dein Magen lieb ist, laß die romantische Gastwirtschaft links liegen und wage dich in die Scholle. Hier wird man satt. Und möglicherweise von der Kellnerin adoptiert.

Übernachtung
In Haus an der Olbe befindet sich am Waldrand die Jugendherberge; in Weißehütte ein Campingplatz. Zahlreiche Fremdenzimmer/Pensionen in Gieselwerder (Zimmernachweis im Haus des Gastes).

Auf nach Karlshafen! Der Radweg verbirgt sich direkt unter der Autostraße, später nimmt er Abstand und begleitet die Weser. Kleine Pause gefällig? Die Straßenraststätte "Onkel Palms Hütte" gewährt einen unverfälscht zwiespältigen Blick ins Tal: drüben Dorf und Kirche Lippoldsberg, weiter hinten ausgedehnte Industrie. Kurz hinter diesem Panoramapunkt führt ein Fußweg rechtsab durch den Wald zur Fähre.

In Gewissenruh erzählt die französische Inschrift am Kirchenportal von der Ansiedlung der Flüchtlinge (siehe auch Karlshafen). Von hier beobachten wir, wie die Fähre Wahmbeck das Flußwasser aufquirlt und, wie von Geisterhand geschoben, ans andere Ufer strebt. Der Radweg bleibt nun auf halber Höhe zwischen Fluß und Straße. Das einzige, was dich hier oben auf der Bundesstraße zwischen Bodenfelde und Karlshafen erfreuen kann, sind die Wälder am anderen Ufer.

Die schönste Art, das Ufer zu wechseln

Unterm Bramwald

Rechtes Flußufer: Münden - Hemeln - Glashütte - Bursfelde - Ödelsheim - Fähre Wahmbeck

Am rechten Ufer in Hann.Münden hältst du dich an die B 3 Richtung Göttingen/Dransfeld. Folge dem Schild "Landespolizeischule" nach links (Radweg). Weiter geht es auf einer Landstraße; unmittelbar am Fluß kann man nicht fahren. Wer trotzdem einen Blick aufs Wasser werfen will, biegt in den Flößerweg ein.

Die Klöster

Linkerhand erhebt sich der Reinhardswald, auf unserer Seite geht es auf den Bramwald zu. Was vor dir aussieht wie ein Gutshof, ist das ehemalige Kloster Hilwartshausen. Eine verwaiste Fährstelle deutet auf das Gut am anderen Ufer, von dem aus wir im vorigen Kapitel schon einen Blick auf die Weser geworfen hatten. Zu besichtigen gibt es leider nichts außer dem Schild "Privatgrundstück". Das einzige Andenken überhaupt ist ein gotischer Treppengiebel.

Lohnender ist der Ausblickpunkt "Roter Stein", zu dem hier ein steiler, bei Regen glitschiger Pfad emporführt. Das Hinweisschild steht hier am Hang neben einer "Wesergedicht"-Tafel. Wenn du ein gutes MTB fährst und dir ein wenig Geländetechnik zutraust, dann schieb dein Rad zum Aussichtspunkt hoch und wage eine extravagante Abfahrt. Anderfalls empfiehlt es sich, das Rad hier unten anzuschließen.

Der Radweg geht weiter links an der Straße entlang, vorbei an einem ausgedehnten Kiesabbau-Gebiet. Voraus ahnt man an der Form der Berge, wie sich das Tal zwischen beiden Waldrücken hindurchschlängelt. Es geht sachte bergauf, lange bergab. Jetzt quälen wir uns über eine Baustelle, wo die Landstraße direkt über dem Ufer verläuft. Nur grober Schotter und Schlaglöcher. Doch immerhin ist die neue Radwegtrasse schon andeutungsweise zu erkennen - und wenn du diese Zeilen liest, sind die Bauarbeiten vielleicht schon abgeschlossen.

Im Südwesten bricht die Sonne hinter den abziehenden Regenwolken hervor, Wolkenfetzen steigen wie fahle Fahnen aus dem verwunschenen Reinhardswald empor. Am linken Ufer ächzt und kreischt eine riesige Sägerei, die das Fleisch der Wälder zu Balken, Brettern und Staub zerschneidet. Vaake taucht am anderen Ufer auf mit einer schönen Wasserfront - beschauliche Häuser, alte Weidenbäume mit wehenden Zweigen und die Kirche mit Stufengiebel. Dagegen tritt der Bramwald auf unserer Seite bescheiden in den Hintergrund, gibt Raum für einen Talkessel.

Gierseilfähre

In Hemeln wartet linkerhand die Fähre nach Reinhardshagen - eine gute Möglichkeit für einen Abstecher zur Sababurg. Das Dorf ist klein und onkelhaft beschaulich, geprägt durch sein Fachwerk. Nichts Herausragendes und vielleicht gerade deshalb schön.

Abstecher Ruine Bramburg

Du folgst der Uferstraße und biegst dort, wo Straße und Fluß auseinanderstreben, rechts ab. Ein Fußweg führt zur Burg. Vom über 30 Meter hohen Bergfried aus hast du einen phantastischen Fernblick über das Wesertal.

Ursprünglich im 11. Jahrhundert zum Schutz der Abtei Bursfelde angelegt, erwarb die Burg sich später einen zweifelhaften Ruf als Raubritternest. Der Sage nach sollen die adligen Halsabschneider eine Kette quer durch die Weser gespannt haben. Wenn ein Schiff im Schutz der Nacht passieren wollte und dagegenstieß, bimmelte oben ein Glöckchen - und ab ging die wilde Jagd. Technisch nicht ganz nachvollziehbar, aber fest steht, daß die Wegelagerer es übel trieben. Besonders die durchreisenden thüringischen Kaufleute wurden ausgeplündert und mußten anschließend im Burgverlies schmachten, bis das Lösegeld eingetroffen war. Endlich riß Landgraf Wilhelm von Thüringen der Geduldsfaden. 1485 brach er auf, belagerte die Burg und verwandelte sie in einen Trümmerhaufen.

Von hier nimmst du entweder denselben Weg zurück oder quälst dich weiter bergauf. An der Kreuzung auf dem Höhenrücken hältst du dich links und fegst in Schußfahrt hinab ins Niemetal. Auch da wieder links, bis du direkt am Kloster Bursfelde wieder die Weser erreichst.

In Hemeln links die Straße "Unterdorf" hinein und fern der Autos dicht am Ufer entlang. Ausgeschildert nach "Glashütte" (4,3 Kilometer) und zur "Märchenbuche" (3 Kilometer). Hier erlebst du, selten genug am Oberweserlauf, ein wunderbares Stück Wegs ohne Dorf. Wälder an den Talhängen, dazwischen die Feldfluren. Der Weg versteckt sich unter einem malerischen Dach aus schützenden Ahorn- und Eichenbäumen. Drüben türmt sich steil der dunkle Reinhardswald. An der Weggabelung - links Feldweg direkt an der Weser - rechts auf dem Asphalt bleiben! Nun ist es nur noch ein Fußweg, der zur "Glashütte" führt.

Bequeme Geister stoßen stattdessen wieder hoch zur Landstraße. Auch keine schlechte Wahl, denn die Fahrbahn schwingt sich über dem Fluß am Hang entlang und bietet ein idyllisches Bild des blanken Wasserspiegels und der jenseitigen Wälder. Ruhige Serpentinen schlängeln sich am Bramwald dahin, der Fluß blitzt ab und zu zwischen den Stämmen auf. Wo links der Wald zuende ist, geht ein Weg zum "Jugendzeltplatz" hinunter - ein Lagerplatz am Strom, wie man ihn sich nicht romantischer vorstellen kann. Immer wieder kurz bergauf, lang bergab. Radlertraum. Wenn du dich in Glashütte neugierig umsiehst, wirst du kaum Gläsernes zu sehen bekommen. Vom 14. Jahrhundert an waren viele Glasmacher tätig, oft im Auftrag der Klöster. Zusammen mit den Wanderköhlern, Pottaschesiedern und Papiermachern dezimierten sie die Wälder so nachhaltig, daß ihr Gewerbe zum Teil verboten, zum Teil gesetzlichen Regulierungen unterworfen werden mußte. 1745 begann Georg von Langen, Oberjägermeister und Vorsteher der Fürstenbergschen Porzellanmanufaktur, mit der planmäßigen Aufforstung des Solling. Die Glashütten siedelten sich am Rand der Wälder an; dem Raubbau war ein Ende gesetzt.

Anmutig wiegt sich die Weser in ruhigen Bögen in ihrem Tal. Auch ihr Ufersaum wirkt noch "heil" mit seinen zahlreichen Abbruchkanten und den grünen Auwiesen, gesprenkelt von unzähligen weißen Schafen.

Über den Wipfeln großer Weiden, die schützend ein Altwasser umgeben, tauchen die Türme von Bursfelde auf. Zur Weser hin ist sie von Pappeln, Weiden, und Erlen umstanden, binnenlands legt der Bramwald schützend seine Arme um sie.

Bursfelde, die schönste aller Klosterkirchen

Er hieß Heinrich der Dicke. 1093 gründete der fromme Edelmann auf einem seiner Güter ein Kloster; Corveyer Mönche halfen ihm dabei. Ich stelle mir den Mann ebenso tatendurstig wie gefühlvoll vor, denn immer wieder zog es ihn vom Trubel seiner Hofhaltung fort zu den stillen Wäldern und murmelnden Wassern von Bursfelde. So sehr mochte er diesen Ort, daß er einst auch hier begraben werden wollte. Der Wunsch wurde erfüllt, wenn auch auf makabre Weise. Vom Kaiser zum Verwalter eines friesischen Lehens bestellt, bekam er es gleichzeitig mit der aufsässigen Bevölkerung und mit dem machtgeilen Bischof von Utrecht zu tun, dem weltlicher Einfluß wichtiger war als christliche Nächstenliebe. Bauern und bischöfliche Vasallen erschlugen ihn fern von seiner Heimat. Seine Überreste wurden nach Bursfelde gebracht, wo du im südlichen Kirchenschiff noch sein Grabmal sehen kannst.

Die Klosterkirche, ein dreischiffiger romanischer Bau, ist überwältigend schön. Man darf nicht vergessen, daß die Weser eine Hauptachse für die Verbreitung des Christentums durch Karl den Großen war. In den romanischen Weserkirchen verbindet sich, für mein Empfinden, immer noch etwas von der kraftvollen, bodenständigen Art der Sachsen mit der weitausholenden geistigen Beweglichkeit der Franken. In Bursfelde spürt man, daß es eine Zeit gegeben hat, wo Idee und Form, Gottesglaube und Gotteshaus noch dasselbe waren.

Das Kloster gewann rasch an Einfluß. Doch ebenso steil ging es im 15. Jahrhundert wieder bergab. Die Mönche schüttelten die strenge klösterliche Zucht ab und verstreuten sich in alle Winde. 1430 wurde Bursfelde nur noch von einer Kuh und einem Mönch bewohnt, der durchreisenden Viehhändlern die Kirche für eine Nacht als Stall vermietete. Mit der "Bursfelder Kongregation" (1433) erlebte das berühmte Kloster noch einmal eine Blütezeit. Die große innere Reform des Benediktinerordens schickte ihre Strahlen von der Weser über das ganze Reich aus und hatte beinahe missionarischen Charakter. So wurden Bursfelder Mönche auch nach Helmarshausen gesandt, um der berühmten Abtei die fromme Botschaft nahezubringen. Man hörte ihnen aufmerksam zu und geleitete sie des nachts noch höflich bis in den Reinhardswald. Doch mitten im finstern Forst fielen die Brüder über ihre Kollegen her und prügelten sie windelweich. Für Belehrungen über das wahre Christentum hatte man nicht das Geringste übrig.

Außer seiner klerikalen Bedeutung hatte Bursfelde auch wirtschaftlich etwas zu bieten. Lange Zeit wurde hier eine Eisenschmelze betrieben, in der Erz aus dem Bramwald zu Metall verhüttet wurde. Eine Hammermühle am Fluß schlug das blanke Eisen zu Stangen und Platten, die vom Klosteranleger aus per Schiff auf die Reise gingen.

Nach der Besichtigung lockt, nur einen Katzensprung entfernt, der Gasthof Klostermühle rechts an der Straße. Links gehts ab zum Fähranlieger. Auch hier haben wir keine andere Wahl als die Landstraße, die aber wenig frequentiert und angenehm zu fahren ist. Vielleicht 2 Kilometer lang heißt es "kleiner Gang". Oben am jenseitigen Ufer hocken die Dörfer Weißehütte und Gottstreu im Schatten der Berge. Der Bramwald hier hat von seiner Schroffheit verloren und sanften Wiesenhängen und Obstplantagen Platz gemacht. Ein Stück weiter aber zeigt er wieder, was ein kleines Mittelgebirge ist.

In Oedelsheim beginnt der Radweg, links führt er runter zur Fähre nach Gieselwerder. Rechts vor dem Anleger steht ein Haus mit historischen Hochwassermarken. Die stille Weser ließ den Anrainern schon manches Mal das Wasser bis zum Hals stehen! (Wenn du das hautnah nachvollziehen willst, kannst du auf das Oedelsheimer Hallenbad zurückgreifen). Kurz vor Ortsende führt dich das Fahrradzeichen ans Ufer hinunter. Schnurgerade, asphaltiert, durchschneidet der Weg die Wiesen.

Der Bramwald bekommt Sehnsucht nach dem Tal und rückt der Weser hier dicht auf die Pelle. Gegenüber die bunten Dächer der Campingsiedler von Gieselwerder.

Jesus an der Weser

Lippoldsberg ist einen Aufenthalt wert, vor allem sein Benediktinerkloster. Die Kirche umfängt einen mit ihrer ruhigen Ausstrahlung. Es ist wie Bursfelde eine dreischiffige romanische Basilika, zwar wuchtig, aber von vollendeter Harmonie. Die Nonnenkrypta mit den einfachen Ornamenten iher Säulenkapitelle, die gleichförmigen Gewölbedecken - alles lädt ein, zu sitzen, Ruhe zu finden und nachzudenken. Lippoldsberg ist eine der wenigen hochromanischen Kirchen, die fast unverändert die monumentale Klarheit ihrer Epoche verkör-

Der Klosterhof von Lippoldsberg

pern. So wie der Baumeister sich von bedeutenden Kirchenbauten seiner Zeit inspirieren ließ, wurde auch sein Werk zum Vorbild anderer Sakralbauten. Dazu rechnet man zum Beispiel die Klosterkirchen in Hardehausen, Gehrden, Willebadessen und Germerode, St. Martini und St. Marien in Minden. Wer war der begabte Architekt? Erstaunlicherweise der Bauherr selbst, Propst Gunther. Zu seiner Zeit entstanden die Lippoldsberger Chronik und das berühmte "Hardehäuser Evangeliar", eine Auftragsarbeit der berühmten Künstlermönche in Helmarshausen (siehe Beschreibung der Krukenburg). In seiner Blütezeit war Lippoldsberg reich, es hatte ausgedehnte Besitzrechte in 190 Orten. Das war üppig selbst im Mittelalter, wo der Kirche in Westeuropa ein Drittel aller Ländereien gehört haben soll. Im 14. Jahrhundert erlebte Lippoldsberg eine finanzielle Konjunktur besonderer Art durch das "Wunder von Gottsbüren". Dort begab sich im Jahre 1331 etwas Seltsames. Bauern fanden einen Toten, der die Wundmale Christi aufwies. Er wurde ins Dorf gebracht und begraben. Doch in Windeseile verbreitete sich das Gerücht, es sei der unversehrte Leichnam Christi selbst gewesen. Schon machten sich die ersten Wallfahrer (oder waren es Sensationslüsterne?) auf den Weg, und in kürzester Zeit strömten Heerscharen von Pilgern in den bis dato drittrangigen Weiler im Reinhardswald. Der Dorfpfarrer, das Kloster Lippoldsberg als Grundherr und der Erzbischof von Mainz erkannten als geschulte Kirchenleute die gewinn- und prestigeträchtige Situation. Lippoldsberg fungierte als klerikales Reisebüro und managte den Wallfahrtsbetrieb. Allein die Einnahmen aus der Weserfähre machten das Kloster reich. Die immensen Einnahmen aus Spendengeldern und dem Verkauf von Wallfahrtsurkunden reichten aus, um in Rekordzeit eine große Wallfahrtskirche zu errichten. Aus demselben Fond wurde der Bau der Sababurg finanziert, die die klerikale Goldgrube schützen sollte. Der Erzbischof war mit 30 Prozent der Einkünfte im Geschäft.

Als er später aus kirchenpolitischen Gründen die Wallfahrten in den Reinhardswald verbot, stürzte das plötzliche Ausbleiben des Geldsegens Lippoldsberg in wirtschaftliche Schwierigkeiten.

Bodenfelde

Langsam und stetig glitt das Kloster ins Dämmerland der Bedeutungslosigkeit.

Beinahe ebenso schön wie die Kirche fanden wir den verschlafenen Klosterhof, in dem nur eines stört: der "Klosterhofverlag" mit brauner Literatur.

Am Ufer entlang kommst du nach Bodenfelde. Solltest du noch ein Wurstbrot in der Packtasche haben, dann runter zur Weserterrasse. Denn da läßt es sich vorzüglich auf einer Bank sitzen und über den Fluß spähen... Als radfahrender Gesetzesbrecher nimmst du jetzt den Fußweg dicht am Wasser. Es riecht etwas modrig nach Weser. Über uns kreist ein eleganter Greifvogel mit gegabeltem Schwanz, der Rote Milan. Er wird uns noch oft begegnen; an späterer Stelle habe ich ihn ausführlicher beschrieben. Die Wasserfront von Bodenfelde unterhalb des Berghanges mit ihren Terrassen aus Buntsandstein, den Häusern und Apfelbäumen wirkt beinahe südländisch. In der Flußkurve steigt der Kahlberg wieder hoch empor, der Fußweg geht zur Straße hoch. Hier erwartet dich ein Grillplatz mit Schutzdach. Aber eigentlich gibt es überall schönere Plätze, wenn auch nicht zum Feuermachen.

Der Umlaufberg von Bodenfelde

Der Kahlberg, den du soeben umrundet hast, kennt die Weser buchstäblich auch von einer anderen Seite. Vor einigen zig-tausend Jahren schwang sich der Fluß, beinahe einen vollen Kreis bildend, im Norden um den Berg herum. Da die Strömungsgeschwindigkeit in der Außenkurve eines Flusses stets größer ist als innen, wird hier mehr Gestein und Erdreich abradiert; es entsteht ein Prallhang. So war es auch hier: Die Weser strudelte unermüdlich um den Kahlberg und die Prallhänge fraßen sich aufeinander zu, bis nur noch Meter sie trennten. Eines Tages geriet der Schotter ins Rutschen. Tiefe Risse durchzogen die Böschung, die plötzlich im Strom zerbröckelte. Die Weser hatte sich ein neues Bett (und dir eine neue Streckenführung) geschaffen.

Am Ortseingang von Wahmbeck am besten gleich die alte Grundregel befolgen: scharf links zur Weserpromenade hinunter.

Die fortschrittlichsten 55 Kilometer

Linkes Ufer: Helmarshausen - Bad Karlshafen - Herstelle - Beverungen - Höxter - Corvey - Albaxen - Polle

Als unsere Räder ausrollen, stößt drüben der Fährmann vom Ufer ab und kurbelt das Seil an. Vom Fluß selbst getrieben, gleitet die Fähre geräuschlos zu uns herüber. Die paar Minuten zum Übersetzen aufs linke Ufer reichen für einen kurzen Schnack. Der Fährmann erzählt, daß man ein Jahr für diesen uralten Beruf ausgebildet wird. Und der Verdienst ist knapp... Er selbst habe noch eine Landwirtschaft, die er verpachte. Leise rumpelnd schiebt sich die Fähre an den Anleger, und wir steigen auf.

"Fähre, Anlage zur Vermittlung des Verkehrs zwischen zwei Ufern mittels flacher Schiffsfahrzeuge" (Brockhaus, 1911

Das Wasser tut die Arbeit

Charakteristisch für die Weserfähren ist das Hochseil, das sich deutlich sichtbar zwischen den Ufern spannt. Die Fähre ist durch je ein Drahtseil an Bug und Heck mit dem Hochseil verbunden. Mit einfachen Handwinden kann der Winkel des Bootes zur Strömungsrichtung verändert werden. Das Wasser drückt gegen die Bordwand und, der Strömung ausweichend, gleitet die Fähre an Rollen von einem Ufer ans andere.

Hinter Gewissenruh (auch eine Siedlung der Waldensischen Glaubensflüchtlinge) eine Straßengabelung. Wenn du keine Lust auf eine kleine Steigung hast und Burgruinen dich langweilen, folgst du der Flußschleife nach Karlshafen. Wir aber biegen links ab Richtung Helmarshausen. Es geht bergauf. Straßenmüde? Rechts führen mehrere geschotterte Wanderwege (markiert) nach Karlshafen. Genau richtig für gelangweilte MTBler.

Mönchskunst für 30 Millionen

In Helmarshausen fällt die riesige Jugendherberge ins Auge; der Ort ist eine seelenlose öde Siedlung. Man käme im Leben nicht darauf, daß von hier einmal bedeutende künstlerisch-geistige Impulse ausgegangen sind. Deshalb schnell die Bungalows hinter sich lassen und hoch zur Krukenburg.

Zu Füßen der Ruine kauert das Museum. Der Inhaber weiß jede Frage zu "seiner" Burg zu beantworten (und ruht nicht, bis du sie alle gestellt hast). Was ist Besonderes an der Krukenburg? Sie wurde zum Schutz des Mönchsklosters Helmarshausen errichtet. Hier, fast in Sichtweite der Weser, war eine der berühmtesten Kunstwerkstätten des hohen Mittelalters beheimatet. Die prachtvollen Goldschmiedearbeiten des Roger von Helmarshausen sind heute im Domschatz und im Franziskanerkloster von Paderborn zu bewundern. Am bekanntesten aber ist das "teuerste Buch der Welt", welches vor 800 Jahren hier auf 226 Pergamentblätter geschrieben und gemalt wurde. Der Benediktinermönch Heriman schuf das prachtvolle Evangeliar im Auf-

Eine Seite aus dem Evangeliar Herzog Heinrichs des Löwen

Die Ruine der Krukenburg

Auftrag Heinrichs des Löwen. Nach rätselhaften Irrwegen wurde es 1983 in London versteigert und von der offiziellen deutschen Staatskultur für über 30 Millionen Mark zurückgekauft. Ich kann mir schwer einen größeren Kontrast vorstellen als den vom durchgeistigten Künstlermönch und dem bombastischen Publicitygeschäft um ein Museumsstück.

Die Krukenburg ist ein eigenartiger Bau. Im Zentrum des Gemäuers fallen die Überreste der Johanniskapelle auf. Ihr kleeblattförmiger Grundriß läßt vermuten, daß sie dem Heiligen Grab in Jerusalem nachempfunden ist und eine Stätte sakraler Pilgerprozessionen war..

Bad Karlshafen, barocke Asylantenstadt

Ein lauschiger Radweg führt auf einer ehemaligen Eisenbahntrasse am rechten Diemelufer entlang. Verwitterte Trimmschilder mit absurden Aufforderungen zeugen von den Irrungen einer Epoche... Dann ein Rastplatz mit Blick ins Diemeltal.

Karlshafen verschlägt uns für einen Moment den Atem. Es ist einfach weiß und unwahrscheinlich. Holländische Grachten? Südliche Gefilde? Das Barockstädtchen entstand auf dem Reißbrett. 1699 ließ es der hessische Landgraf Carl für seine Lieblings-Immigranten entwerfen: Hugenotten auf der Flucht vor Glaubensverfolgungen. Eine interessante Idee: Asylanten eine Stadt zu bauen...

Hugenotten

Die "Bartholomäusnacht" in Paris im Jahre 1572 hatte auf die vielen Franzosen reformierten Glaubens eine ähnliche Wirkung wie die "Reichskristallnacht" auf Deutschlands Juden. Unter unvorstellbarer Scheußlichkeiten wurden in jener Nacht die Hugenotten abgeschlachtet, niemand blieb verschont. Die Erinnerung an das Blutbad mochte ein wenig verblaßt sein, als der weitsichtige Monarch Heinrich IV. im Edikt von Nantes (1598) Glaubensfreiheit versprach und den Hugenotten auch territoriale Sicherheit gewährte, indem sie eigene befestigte Städte mit einer gewissen parlamentarischen Unabhängigkeit erhielten. Es blieb seinem Enkel, dem sogenannten Sonnenkönig Ludwig XIV. überlassen, diesen Akt der Toleranz durch sein Edikt von Fontainebleau (1689) zu annullieren. Mit Berufsverboten und Zwangsbekehrungen, Versklavung auf die Galeeren und Vernichtung der wirtschaftlichen Existenz wurden die Hugenotten schikaniert. Leben und Leiden waren nicht mehr voneinander zu trennen. Ein Exodus setzte ein, der über mehrere Jahrzehnte anhalten sollte. Frankreich beraubte sich selbst der Blüte seiner Bürger.

Unter den Gastländern tat sich besonders Hessen hervor, dessen Landesvater Landgraf Carl alles tat, um den Einwanderern den Weg zu ebnen. Mit seiner "Hessischen Freiheitskonzession" gewährte er den Flüchtlingen religiöse, kulturelle (eigene Schulen) und administrative Unabhängigkeit. Im Gebiet des heutigen Bundeslandes Hessen fanden nach 1685 an die 8000 Franzosen eine neue Heimat. Sie gaben zahllosen Ortschaften durch ihr Gemeindeleben ein neues Gepräge. Zwei Städte (Karlshafen und Kassel-Oberneustadt) und

Freyheits Concession
und Begnadigung /
Welche
Der Durchleuchtigste Fürst und Herr /
Herr CARL
Landgraff zu Hessen / Fürst
zu Herßfeld / Graff zu Catzenelnbogen /
Dietz / Ziegenhain / Nidda und Schaumburg / ꝛc.
denenjenigen / welche sich in dero Fürstenthume / Graff- und Herrschafften niederlassen / und solche Manufacturen / so biß dahero in dero Landen nicht getrieben worden / oder auch andere nutzliche Hand-Arbeit entweder selbst machen / oder welche die Arbeit verlegen wollen / alß da sind Kauff- und Handels-Leute / und wer sonst darzu erfordert wird / gnädigst ertheilen wollen.

CASSEL.
Gedruckt bey Salomon Kürßner / Fürstl. Hess. Buchd.
im Jahr 1685.

Einladung für Asylanten: Landgraf Carls Freiheitskonzession

Dörfer wurden als "französische Kolonien" neu gegründet (darunter Gewissenruh und Gottstreu). Landgraf Carl gab seinen Zeitgenossen ein leuchtendes Beispiel für christliche Nächstenliebe, aber zugleich bewies er politischen Weitblick. Es lag in seinem Kalkül, durch Ansiedelung von Ausländern den Nutzen für sein Land zu mehren. In Handwerk, Kunst und Wissenschaft, Handel und Verwaltung, Landwirtschaft und Industrie hatten die Hugenotten viel zu geben. Bemerkenswert ist auch, daß mit den Ausländern ihr französisches Kulturerbe in den Alltag einzog - etwas ganz neues in einem deutschen Land, wo die verfeinerte Lebensart auf das höfische Leben beschränkt war. Auf unserer Tour durchs "Hugenottenland" versuchte ich oft, wenn ich die Einheimischen betrachtete, sie mir als deutsche Franzosen oder französische Deutsche vorzustellen. Was mögen die Asylanten von heute für uns bedeuten - außer der Herausforderung, Menschlichkeit zu zeigen? Von vielen Auslandsreisen habe ich die Überzeugung mitgebracht, daß jedes Land über Charakterzüge verfügt, die es anderen als Geschenk weitergeben könnte ...

Es liegt ein Hauch von Tragik darin, daß ausgerechnet das schöne Karlshafen nicht die Erwartungen seines Erbauers erfüllte. Der Landgraf hatte die Franzosenkolonie mit einem spektakulären Projekt verknüpfen wollen: dem Kanal. Um das lästige Mündener Stapelrecht zu umgehen, sollte eine direkte Verbindung von der Weser zur Fulda, später sogar zur Lahn und damit zum Rhein hergestellt werden. Der Plan blieb Utopie, und auch das Wirtschaftsleben der Hafenstadt zog nur schleppend an.

Etwa jedes zweite Haus am Platze ist ein Gasthof, und davon heißt wiederum die Hälfte Landgraf Carl, Zum Landgrafen oder ähnlich. Im Hafenbecken, ursprünglich als Kernstück des ehrgeizigen Kanalprojekts gedacht, schnappen fette Karpfen nach Kuchenstücken. Apropos, Kuchen gibt es in der "Fleischerei" gleich neben dem Rathaus. Dort solltest du wenigstens kurz hineinschauen. In der Halle gibt es ein sehenswertes Idealmodell der Stadt zu sehen, an dem man erst so recht die sympathische Verrücktheit jenes fremdenfreundlichen Landesvaters ermessen kann. Montags um 15.oo Uhr kannst du hier deine eigene Erinnerungsmünze prägen lassen.

In Karlshafen verspürten wir unversehens eine perverse Lust auf fettige Hamburger und forschten nach einer Frittenbude - vergebens. Dafür sieht man an jeder Ecke Dezent-Modisches, Antiquitäten und Schnickschnack. Mit anderen Worten: Der Ort ist hübsch dekadent mit einem Hauch von "Tod in Venedig". Wenn du zum Schluß eine Runde durchs Hugenottenmuseum drehst, hast du die Stadt ausreichend gewürdigt.

Übernachtung
Jugendherberge Helmarshausen

Des Kaisers Campingplatz

Auch hier, links der Weser, ein Radweg an der Seite der Bundesstraße. Herstelle ist langweilig. Nichts deutet mehr darauf hin, daß es einst als Campingplatz von Karl dem Großen seinen Namen bekam. Auf einem seiner vielen Feldzüge gegen die aufmüpfigen Sachsen eroberte er 797 deren Burgwall und nannte den Platz "Heristal", in Andenken an den gleichnamigen karolingischen Familiensitz an der Mosel. Es war Winter geworden. Schlagkräftig war sein Heer nur vom Frühjahr bis zum Herbst, wenn das Gras hoch genug stand, um die Pferde in guter Verfassung zu halten. So schlug der Kaiser hier am Weserstrand ein Winterlager auf und ließ Häuser für Soldaten und Hofbeamten errichten. Die Zeit verging mit intensiver Arbeit, denn Karl hielt gar einen Reichstag ab: Unterwerfung, Missionierung und Besiedelung des Sachsenlandes mußten geplant und organisiert werden. Es wurde Gericht gehalten. Abgesandte aus allen Teilen des Reiches kamen nach Herstelle, um Bericht zu erstatten und mit neuer Order zurückzukehren. Selbst ein Botschafter Harun al Rashids soll den Herrscher hier aufgesucht haben. Wie gesagt, Glanz der Vergangenheit, von dem du in Herstelle nichts mehr zu sehen bekommst.

Der Radweg R 99 gen Beverungen zweigt in der Ortsmitte rechts ab. Am Ortsausgang radelst du den R 99 rechts die Böschung hinunter. Er begleitet den Fluß 10 Kilometer lang bis nach Höxter.

Der Weg schmiegt sich eng an den Fluß und wäre einfach perfekt, hätte man nicht das AKW Würgassen (würg!) vor Augen. Es verdirbt nicht allein die Stimmung, sondern verschandelt auch den Ausblick

Das Spiel mit dem nuklearen Feuer

auf den schönen Solling. Im Fluß vor Würgassen befindet sich einer der legendären "Hungersteine" (bei Flußkilometer 47,55 am rechten Ufer). Wenn er weit herausguckt, bedeutet das Niedrigwasser. In den Stein gekerbte Marken und Jahreszahlen zeigen, wann die Weserschiffer Zwangsurlaub machen mußten, weil nicht mehr genügend Wasser unterm Kiel war. Beverungen fällt mit wenig mehr auf als mit seiner Burg. Und deren Baumeister muß bei der Planung einen schlechten Tag gehabt haben (oder es war eine Low-Budget-Produktion). Die Burg ist ein hoher Klotz mit Dach und Fenstern.

Wer hier in die Pedale tritt und die Reifen schnurren läßt, muß sich sagen, daß eine Radfahrt an der Weser ein herrliches Erlebnis sein kann. Die Wälder und das satte Grün der Niederung, die schnurgerade Pappelreihe neben dem Weg... es ist zum Freihändig-auf-den-Sattel-Steigen!

Wehrden, der nächste Ort, wirbt gerne mit seinem stattlichen Schloß, in dem sich die Dichterin Annette von Droste-Hülshoff aufhielt. Olle Kamellen! Das Schloß ist groß, aber wenig reizvoll, nicht zu besichtigen und von Eigenheimen wohlsituierter Bürger umzingelt. Über die Landschaft aber schrieb die Dichterin:

> *"...reizender ist der Strombord in seinem Knospen, Erblühen und Reifen, das Corveyer Ländchen und die anschließenden Striche entlang bis zur kurhessischen Grenze; so sanfte Berghänge und verschwimmende Gründe, wo Wasser und Land sich haschen und einander mit ihrer Frische sich anzuhauchen scheinen; so angenehme Kornfluren im Wechsel mit Wiese und Wald; so kokette Windungen des Stroms, daß wir in einem Garten zu wandeln glauben."*

Erst kurz vor Höxter gesellt sich der Fahrradweg wieder zur Straße. Die Stadt kann mit einigen schönen Fachwerkgebäuden aufwarten. Doch im Gegensatz zu Münden oder auch zu Hameln wurde hier mehr abgerissen als saniert. Dazu erlebten wir einen chaotischen Verkehr, schlimmer als in der Großstadt. Als Radler läßt man den Ort am besten gleich hinter sich und strebt unter den schattigen Wipfeln der Kastanienallee dem Kloster Corvey zu.

Corvey

Für mich war es schwierig, einen inneren Zugang zu dieser Stätte zu bekommen, deren geistige Impulse einst das ganze Abendland erreichten. Karl der Große hatte Corvey (der Name ist abgeleitet von Corbie an der Somme, von wo die ersten Mönche kamen) geplant als einen Brennpunkt der religösen Durchdringung - und Christentum war zu seiner Zeit noch gleichbedeutend mit Kultur und Reichspolitik. Zwei seiner Vettern legten 822 den Grundstein, womit Corvey eine der ältesten deutschen Abteien ist. Hier wurde geforscht und gelehrt, hier gingen die deutschen Kaiser ein und aus und hielten Hof, hier wurden Missionare für ihre Aufgaben geschult. Aus Corvey kamen berühmte Kirchenmänner wie der heilige Ansgar, Erzbischof von Hamburg, genannt der Apostel des Nordens. Papst Gregor V. war seinen Klosterbrüdern an der Weser noch als "Bruder Bruno" im Gedächtnis. Auch Widukind, Verfasser der Sachsenchronik, hat hier eine Mönchszelle bewohnt. Von alledem vermittelt sich dem Besucher recht wenig, wenn man einmal von der beeindruckenden Größe der Anlage absieht. Das Westwerk, eine Art Gastkirche für durchreisende Herrscher, ist als letzter Zeuge der romanischen Gründung der älteste und bedeutendste Teil der Abteikirche. Es wirkt seltsam verloren. Auch im Innern des Schlosses (die Benediktinerabtei wurde 1803 aufgelöst) herrscht ein bizarres Nebeneinander aus Heimatuseum, Kirchengeschichte und Geweihsammlungen, das ich eher verwirrend fand. Als Bücherfreund schlug mir natürlich beim Gang durch die riesige Bibliothek das Herz höher - doch auch diese Bestände sind nur noch ein müdes Echo der einstigen Größe. Heinrich Hoffmann von Fallersleben, der Dichter des Deutschlandliedes, wirkte hier als Bibliothekar. Und wenn du an der Klosterkirche vorbei den Friedhof betrittst, dann vielleicht weniger, um hier seine Grabstätte aufzusuchen, sondern um über den Zaun zu blicken. Dahinter liegen die Gebäude der Klosterdomäne. Wenn das Kloster der Kopf war, so darf das Gut als der Körper mit den tätigen Gliedmaßen gelten. Kindergeschrei und flatternde Wäsche auf der Leine bilden einen erfrischenden Gegensatz zum musealen Barock.

Letzte Meldung: Am 19. April 1989 lese ich in der Zeitung von einem sensationellen Zufallsfund in der Corveyer Schloßbibliothek. In einer Abstellkammer wurde ein bislang unbekanntes Wappenbuch Kaiser Karl V. aus dem Jahre 1544 entdeckt. Das 66 Seiten starke, farbenprächtige Werk beschreibt die Reichsstände des "Heiligen Römischen Reiches Deutscher Nation". Die geistlichen und weltlichen

Kurfürsten, der Reichsadel, Städte und Dörfer sind mit ihren Wappenschildern dargestellt. Nach wissenschaftlicher Auswertung wird man das Buch irgendwann als Faksimilie-Ausgabe erwerben können.

Der Weg (R 99) folgt weiter dem Ufer. Auf dem steilen Uferhang ragt düster die Thonenburg auf, ein wuchtiges graues Gemäuer, in dem Gespenster umgehen. Albaxen (der Ort, der wie eine Ohrfeige klingt) ist leicht zu umgehen, ohne daß du das geringste versäumt hättest. Der Radweg führt direkt zum Campingplatz von Holzminden. Wenn dir das gleichgültig ist, bleibst du besser auf dem Radweg entlang der B 83 (durch Albaxen hindurch) und kürzt ab.

Übernachtung
Der Campingplatz ist links, die Jugendherberge rechts an Weserbrücke

Vor uns ist der hochragende Getreidespeicher von Holzminden zu sehen, ein rechtes Wahrzeichen. Das zweite ist überraschender: ein kapitaler Weserdampfer, der als als erstes deutsches Tourismusmuseum (was mag da bloß drin sein? Ich trau mich nicht hinein!) auf dem Trockenen liegt.

Tourismusmuseum Weserdampfer "Stör"
Geöffnet März - Oktober täglich außer Montags
10-12.30 und 13.30-17 Uhr

Vier Kilometer westlich von Stahle (und knapp 500 Meter höher) erhebt sich der Köterberg - eine Herausforderung zum Austoben, wenn du die Flußebene satt hast. Die große Straße überwindet nun eine kleine Anhöhe, und plötzlich öffnet sich der weite Blick ins Tal. Rechts die Weser, direkt daneben der Radweg. Vor Heinsen bleibt der Radweg unten und läßt die Autos allein klettern. Neben der Straße verläuft ebenfalls ein Radweg, der an den jeweiligen Punkten die bessere Aussicht hat. Zwischen Heinsen und Polle bleibt der Fahrradweg der Bundesstraße treu und läßt die Weser allein.

Vom Atommonster zum Porzellanschloß

Rechtes Ufer: Karlshafen - AKW Würgassen - Fürstenberg - Boffzen - Lüchtringen - Holzminden - Bevern - Polle

Wenden wir uns in Karlshafen wieder dem Strom zu. Über den Diemel stiert ein finsterer Bergfried auf die Weser herab. Wir nehmen die Strandpromenade und kommen am rechten Ufer auf den markierten Radweg zwischen Fluß und Bahnlinie. Rechterhand blicken wuchtige Felsen aus dem Grün des Berges hervor. Und wenn du gleich die schmalen Feldbahngeleise kreuzt, die links zu einer Anlegestelle und rechts zu einer niedrigen Unterführung hinrosten, dann folge ihnen nach rechts. Sie enden in einem kleinen Steinbruch.

Wesersandstein

Der Sandstein ist die "Erdmutter" vieler Bauwerke, die wir im Laufe der Fahrt bestaunt haben. Während ich diese Zeilen schreibe, liegt ein kleine Platte des Gesteins vor mir auf dem Tisch. Die Farbe ist ein stumpfes, dunkles Rotbraun mit einem Stich ins Violette. Winzige Quarzkörnchen glitzern darinnen. In der gleichmäßigen Struktur, die weder Schichten noch Adern erkennen läßt, verrät der Sandstein seine Herkunft aus Flußsedimenten. Das Material ist nicht besonders schön und kann schon gar nicht mit der Härte und dem Glanz anderer Gesteine konkurrieren. Stattdessen wirkt es schlicht und warm - und ist einfach zu bearbeiten. Früher waren viele Gebäude mit mächtigen Eichen-Dachstühlen versehen und mit schweren Sandsteinplatten gedeckt. Als das Bauholz knapper wurde, ging man zu leichteren

Dächern über. Sogar in Südamerika sind heute noch Bauten aus Wesersandstein zu finden: Segler, die von Bremen aus auf Salpeterfahrt gingen, nahmen die Steinplatten auf der Hinreise als Ballast mit. Hunderte von Steinbrüchen in den Weserbergen sorgten für Nachschub. Insbesondere der helle Obernkirchner Sandstein ("Bremer Sandstein") war bei Baumeistern und Steinmetzen begehrt. Die Steinbrüche dort sind seit dem 12. Jahrhundert nachgewiesen.

Auf dem linken Ufer bleibt Herstelle mit Burg und Kirche zurück. Es sieht von dieser Seite übrigens schöner aus als aus der Nähe besehen.

In Würgassen gehen die Landgärten mit flatternder Wäsche und prallvollen Apfelbäumen bis ans Ufer runter. Es riecht nach Erde und Wasser und Vieh und sieht aus wie Anno Unschuld. Aber hinter der Biegung streckt der große graue Weserschocker den Buckel in den Himmel: Atommeiler Würgassen. Der Radweg geht hart am AKW vorbei. Ein Schild zum Informationszentrum: Da mal hin und seine Fragen loswerden! Ich ärgere mich jetzt, daß ich es nicht getan habe. Wir passieren Lauenförde und erreichen Meinbrexen. Auffällig ist die Dorfkirche mit Fachwerk-Oberteil. Dahinter eine gewaltige Scheune, gedeckt mit Solling-Sandstein. Mich fasziniert es immer wieder, die Gebäude als Resultat ihrer Umgebung zu betrachten. Fachwerk aus den Eichen des Bramwaldes, Kies vom Flußufer, Sandstein aus dem Steinbruch hinterm Dorf.

Siehst du die schnurgerade Pappelreihe am anderen Ufer? Dort verläuft der jenseitige Radweg.

Vor uns auf dem Gipfel Fürstenberg, die Fabrik, die gerne wieder ein Schloß sein möchte, beziehungsweise das Schloß mit dem Fabrikschlot. Eine lauschige Allee, die du dir allerdings mit motorisierten Zeitgenossen teilen mußt, führt dorthin. Wer ein Herz für Porzellankitsch hat, kommt um diesen Weg nicht herum. Jetzt ein veritabler Radwegweiser: gen Fürstenberg, gen Anleger Boffzen, Höxter, zur Fähre Wehrden, zum Eulenkrug. In Serpentinen führt die Straße zur Manufaktur empor. Um in Fürstenberg zu verschnaufen, empfehle ich die Weserterrassen, da gibts den besten Fernblick ins Tal.

Ob man das Fürstenberger Porzellan bewundert oder als Nippes abtut, es war jedenfalls ein Wirtschaftsfaktor von kaum vorstellbarem Rang. Die Alchimie des "Weißen Goldes" war den Fürsten im 18.Jahrhundert so wichtig wie heutigen Politiker ein "Technologiepark" zur Herstellung von Computerchips. Das Geheimnis der Herstellung wurde eifersüchtig gehütet; die Werkmeister wie in einem goldenen Käfig gehalten. Kein Wunder, daß es damals schon Fälle von Industriespionage gab, die sich wie spannende Krimis lesen.

Porzellanmuseum
Geöffnet April - Oktober
Mo - Sa 9-17 Uhr
So 10-12 Uhr

Falls es dich zum Fluß zieht: Gleich hinter der Porzellanfabrik biegt ein Radweg links ab, steil runter Richtung Boffzen (und Höxter/Corvey). Holla, die Abfahrt! Der kürzeste Weg nach Holzminden ist der Radweg hier oben an der Straße. Kurz hinter dem Abzweig links nach Höxter kannst du auch unter der Bahnbrücke hindurch und am Ufer entlangfahren bis Lüchtringen. Die Teerstraße aber bietet hinter Boffzen haargenau jenes Maß an Bergauf und Bergab, das dem zünftigen Tourer Lebenselixier ist.

Von hier oben geht der Blick zu den Türmen von Corvey, einem Ort, der für die meisten Weserreisenden magische Anziehungskraft hat. Recht häufig muß man allerdings feststellen, daß das aus der Ferne genossene Panorama weit schöner ist als die eigentliche Besichtigung.

Übernachtung in Lüchtringen
Das Dorf bot sich uns als Nachtquartier an. Ob man von der anstrengenden Besichtigung Corveys kommt oder vom Ostufer der Weser her - Holzminden ist zu weit, zu groß, zu teuer. Im "Forsthaus" in Lüchtringen (Straße Otterbach,

hinter Unterführung) gibt es nur Ferienwohnungen; im "Weserstrand" stille Hotelzimmer (DZ DM 54,-).

Abends bummeln wir müde am Flußufer entlang. Am alten Fährhaus sitzen drei vergnügte Wermuthbrüder, traktieren sich und ihren ebenfalls etwas bezecht wirkenden Hund. Ein Stunde später tagt dort strikkend und schwatzend der Heimatverein. Wir peilen durchs Fenster, sind aber zum Anklopfen zu feige.

1976 wurde die Lüchtringer Fähre stillgelegt; die neue Brücke hatte ihr endgültig den Garaus gemacht. Ursprünglich wurde sie verpachtet, und der Pächter hatte sie auch instandzuhalten. Später übernahm die Stadt Höxter die Kosten und stellte den Fährmann an. Zum Schluß kostete sie 40.000 Mark im Jahr und warf 10.000 ab...

Lüchtringen - Holzminden

Nur wenn du ein Purist bist oder sehr viel Zeit hast, wirst du den südlaufenden Weserbogen hinter Lüchtringen ausfahren. Zu sehen gibt es nichts als Kopfweiden und ein paar eigenbrötlerische Fischreiher, die mit rundem Schwingenschlag stromab entschwinden. Am schnellsten führt dich aber der abkürzende Radweg weiter, durch Wiesen und Rübenfelder, rechts Industrie, links Kiesbaggerei.

Aus dem Nebel taucht ein majestätisches Bauwerk auf. Festung? Kathedrale? Nur ein Getreidesilo. Der Weg (Richtung Hameln) winkelt sich durch die Peripherie Holzmindens, um dann endlich ein paar Kilometer weit die einsamen Flußauen zu durchmessen. Du kurbelst auf eine alte Denkmalslinde zu, schon von weitem sichtbar. Hier geht der Weg nach Bevern ab. Drüben, über dem nebelverhangenen Waldhang am Westufer, zirkelt ein Milanpaar.

Ein Greifvogel über den Wassern

Der Rote Milan sieht den Weserstrom etwa so wie wir: Gerne hält er sich in der Nähe des Flusses auf und folgt ein Stück seinem Lauf. Baden kann und will er nicht; er fühlt sich auch nicht so an das Wasser gebunden wie etwa die Rohrweihe. Stattdessen macht er kleine Ausflüge ins Binnenland und inspiziert neugierig Wiesen, Felder, Straßen und Dörfer...

Rote Milane segeln im Wind

Nach den Adlern ist er unser größter heimischer Greifvogel; an dem markant gegabelten Schwanz kann man ihn leicht erkennen. Sein Gefieder ist rostrot wie Herbstlaub, der Kopf der ausgewachsenen Vögel hebt sich hell davon ab. In seiner Familie gilt er übrigens als recht friedfertig. Kleintiere, Küken, kleine Fische und Aas sind seine Nahrung; Beute greift er nur am Boden. Als man die Krummschnäbel noch allesamt Raubvögel nannte, galt der Milan als "feiger Räuber". Von allen Greifen bietet er jedoch das schönste Flugbild, wenn er die großen, schlanken Schwingen streckt, elegant den Gabelschwanz in den Wind stellt und mit wachsamem Blick über den Hügeln kreist.

Am Gutshof Forst entschieden wir uns für die Fähre in Polle, die Erkundung der Ottensteiner Hochebene und die Besichtigung der Hämelschenburg. Die Alternative: Von Gutshof Forst über Reileifzen und Rühle nach Bodenwerder. Diese Strecke ist nicht nur fein zu radeln, sondern gewährt einen atemberaubend schönen Blick auf das jenseitige Ufer mit den weißen Klippen der Steinmühle. Nach Bodenwerder wird nur das linke Ufer beschrieben; rechts geht es eher langweilig zu.

An dem prachtvollen alten Gutshof vorbei erreichst du die Landstraße. Nicht links abbiegen - sieht urig aus, führt aber in die Sackgasse! Auch die Straße ist reizvoll.

Am Flußufer sahen wir Landvermesser bei der Arbeit. Sie waren zünftig mit dem Boot gekommen, stapften bedächtig in Gummistiefeln durch den Schlamm und setzten ihre rotweißen Pfähle. Geometer - ein faszinierender Beruf. Doch was kann man heute noch ohne Skepsis betrachten? Vielleicht waren sie nur Wegbereiter der Ufer-Betonierung...

Hohe Eschen flankieren die Straße. Rechts schnuppert eine Felsnase ins Land. Willst du einen Blick auf das Schifferdorf Heinsen am jenseitigen Ufer tun, so folge der Pappelreihe an den Fluß zum früheren Fähranleger. Der Weg allerdings besteht aus Weserkies - das freut allein den MTB-Fahrer. Nun ist die Straße von Birken gesäumt, durch deren weißes Spalier man in die Ebene blickt. Links kommt die Fähre von Polle in Sicht. Eine romantische Ecke, wenn man die Komposition aus Fluß, Schiff und Dorf und der darüber wachenden Burgruine auf sich wirken läßt. Die Fähre ist übrigens die einzige, die noch dem Wasserwirtschaftsamt gehört und wie früher verpachtet wird. Alle anderen werden durch die Gemeinden oder Kreise subventioniert. Hier rollen wir auf das Boot und lassen uns übersetzen.

Burg Everstein, der Adlerhorst über dem Fluß

Über die Ottensteiner Hochebene

Links der Weser: Polle - Brevörde - Hattensen - Hämelschenburg - Hameln (alternativ: Uferstraße Polle - Hameln, nächstes Kapitel)

Polle

Das Campingrestaurant am Ufer ist eine Underberghöhle. Achtung: Bei gleichzeitiger Bestellung von Kakao und Apfelkuchen/Sahne sieht man sich hier mit zwei Schlagsahnegebirgen konfrontiert und erleidet einen schweren Kalorienschock! Vom darüberliegenden Terrassen-Restaurant aus hat man den besseren Blick.

Die Mauerreste von Burg Everstein sind vernichtend sauber und deutsch-ordentlich. Die alten Weserritter würden dröhnend lachen, könnten sie den blankgefegten Zementfußboden, die belehrenden Schilder und den Rasen im Paradeschnitt sehen. Ein totsaniertes Gemäuer, aber dennoch nicht ohne Reiz. Denn der Ausguck vom Bergfried bringt das erhebende Gefühl, wie ein Adler Ausschau zu halten über die große Weserschleife. Unten kräuselt die Fähre das blanke Wasser, weit hinten räkeln sich die Bergrücken talwärts. Übrigens: Ausgrabungsfunde aus Germanenzeiten beweisen, daß die Uferbewohner außer Flußmuscheln, Meeresaustern und Wild auch Pfirsiche (!) aßen.

Übernachtung
Campingplatz direkt an der Fähre, Gasthöfe im Ort. Weitere Auskunft beim Fremdenverkehrsverein im Burghof unterhalb der Ruine

Beim Weiterfahren am linken Ufer nicht über den Campingplatz fahren: Sackgasse

Hinter dem Ort hast du an der Straße Gelegenheit, einen Blick auf die alten Knochen unseres Planeten zu werfen. Das bunt gefaltete Gestein zeigt eine Muschelkalk-Sandstein-Verwerfung. Brevörde kündigt sich durch seinen altehrwürdigen Kirchturm an. An der verlassenen Fährstelle berichtet ein Denkmal von dem Brevörder Fährunglück - dazu ist die Weser also auch fähig?!

Jetzt heißt es, Arm nach links halten und ab gen Ottenstein. Oh, Entschuldigung! Ich hatte gar nicht gefragt, ob du nicht lieber den Fluß begleiten willst: Die Route ist im folgenden Kapitel beschrieben.

In Brevörde links abbiegen gen Ottenstein. Wer sich schon vor der Kreuzung links den Radweg hochschummelt, muß nun über den Friedhof schieben, bevor er auf die Straße kommt.

Die von hohen Linden überschattete Straße windet sich rhythmisch bergan; echte Mittelgebirgs-Serpentinen! Das Strampeln ist halb so schlimm, denn bei jeder Biegung kannst du ein traumhaftes Talpanorama genießen. Auf der Hochebene verkehren wenig Autos. Alles ist übersichtlich: Die wenigen Straßen geben sich von weitem durch ihre Pappelreihen zu erkennen, alle wandern brav zum Dorf hin.

Ein Ort der Meditation

Ottenstein kam uns auf den ersten Blick sehr bescheiden vor. Aber es ist wenigstens ein richtiges Dorf mit einem riesigen alten Fachwerk-Krug und Tante-Emma-Läden, die wohl in den nächsten Jahren keinem Supermarkt weichen müssen. Und es gibt auch eine Burg, die wie ein mächtiges, düsteres Wohnhaus aussieht. Doch uns hat etwas anderes hergeführt: Die Kapelle der Wüstung Hattensen, einen Kilometer außerhalb des Ortes in Richtung Sievershagen gelegen (in Ot-

Von Hattensen blieb nur noch die Kapelle

tenstein Richtung Hehlen/Bodenwerder abbiegen, dann sieht man schon das Kirchtürmchen).

Eine seltsame Atmosphäre umgibt den einsamen Friedhof und seine Kirche. Sie sind steinerne Erinnerungen an das Dorf Hattensen, das vor langer Zeit vom Erdboden verschwand. "Wüstungen" nennt man diese Stätten. Ob die Siedlung im Krieg, durch eine Fehde oder durch die Pest entvölkert wurde, ist unbekannt. Unter der alten Friedhofslinde läßt es sich gut ausruhen und meditieren...

Zu gerne möchte man einen Blick in die Kapelle werfen - aber wer schließt einem auf???

Einige Grabsteine mit Namen wie Genee, Düe künden noch vom Erbe der Hugenotten. Das eindrucksvollste Epitaph aber ist eine hohe Sandsteintafel mit folgender Inschrift:

> *"Hier ruhet Antonio Congo, Sohn des afrikanischen Häuptlings namens Ambrosio Congo, zu Gumbata in Africa geboren. Den 12. October 1811 wurde er, 8 Jahre alt, seinen Eltern geraubt und als Sklav nach Brasilien gebracht. Hier kaufte ihn der Hamburger Kaufmann Ferdinand Schlüter, ein edler Mann, der ihn mit nach Hamburg nahm und in der christlichen Religion erziehen ließ. Nachdem Antonio Congo darauf das Tischlerhandwerk erlernt, ging er auf die Wanderschaft, auf welcher er 1843 hier erkrankt und als guter und religiöser Tischlergeselle starb. 1844"*

Von Ottenstein aus führt eine sausende Abfahrt, beinahe 10 Kilometer lang, über Lüntorf nach Welsede. Also Katzenbuckel machen und den großen Gang eingelegt!

Hämelschenburg

Im Emmertal erhebt sich ein malerisches Schloß, das den Kennern der Weserrenaissance als Wallfahrtsort gilt. Den schönsten Anblick bietet die Hämelschenburg, wenn man vor der früheren Zugbrücke steht. Dann vermittelt das Gebäude seine ganze Harmonie der klaren Strukturen und verspielten Konturen. Das Baumaterial wurde aus eigenen Steinbrüchen gewonnen. Früher war auch das Dach mit dem heimischen Solling-Sandstein gedeckt, heute ist es Schiefer. Märchenhaft die grünspankupfernen Wasserspeier aus jenen alten Zeiten, wo man außer Form und Funktion auch noch bunte Fabeln im Kopf hatte. Je dichter du herangehst, desto mehr überwiegen die Schmuckelemente. Aus der Nähe wirken die Fassaden schließlich ganz überfrachtet, in der ausufernden Ornamentik geht die klare Form verloren.

Kennzeichen der Weserrenaissance: Zwerchhaus mit Pilastern (oben), Utlucht, Voluten und Obelisken (rechts), Halbkreissonnen und Lisenen (Mitte, Bossensteine (unten)

Was kennzeichnet die Weserrenaissance?

Als Nachfolger der gestrengen Gotik blüht sie im Weserbergland in der Mitte des 16. Jahrhunderts auf. Zwischen 1580 und 1610 erreicht sie einen Höhepunkt, um mit Beginn des Dreißigjährigen Krieges zu erlöschen. Das dominierende Baumaterial, das wie ein Leitmotiv die ganze Epoche durchzieht, ist der Sandstein: helle Bruchsteine für die Mauern, rote Platten für die Dächer (wenn sie nicht schiefergedeckt sind). Über Zusammenhänge zwischen dem Baustil und der Geisteshaltung eines Zeitalters zu sprechen, ist hier kein Platz. Beschränken wir uns deshalb auf die Aufzählung einiger Stilmerkmale.

Ein typischer Bau der Weserrenaissance weist kräftige Akzente in Gestalt der Utlucht und der Zwerchhäuser auf. Die "Auslucht" ist ein Erker oder Risalit, der bis auf den Boden reicht und mehrere Stockwerke hoch sein kann. Zwerchhäuser sind Nebengiebel, die das Motiv der Stirnseiten wiederholen und die große Fläche des Satteldaches gliedern.

Im Giebel wird die rechtwinklige Stufenform der gotischen Häuser in geschwungene Linien aufgelöst. Mit den spiraligen Voluten, Halbkreissonnen, aufgesetzten Kugeln und Obelisken erhält die Silhouette spielerisch-leichte Züge. Die Fassade wird von den markanten Bossensteinen im Rahmen gehalten. Die Eckquader sind in vielfältiger Kerbschnitt-Technik verziert. Die quergeteilten Fenster gliedern die Hausfront. Ihre ordnende Funktion wird noch unterstützt durch Lisenen (leicht hervorstehende Steinbänder) und Pilaster (kleine, oft reichverzierte Säulen). So weit, so kurz - die Literaturliste hilft weiter!

Auf die Führung durch die Hämelschenburg mußt du manchmal eine Zeitlang warten. Dafür bekommst du in jedem Raum gleich gesagt, was besonders schön ist, brauchst also den eigenen Geschmack gar nicht erst zu bemühen. Das Innere ist nicht eben atemberaubend, ausgenommen die sieben Meter hohen Räume mit ihren uralten holländischen Kachelofen-Gebirgen (sie wurden von einem rückwärtigen Gang aus beheizt, um die Herrschaften nicht zu molestieren).

Faszinierender als das Inventar sind die Geschichten, die noch wie Spinnweben in den Zimmerecken hängen. Insbesondere "die Anna" hat meine Phantasie beschäftigt. Sie war die Frau des Begründers von Klencke und brachte es fertig, nach dem Tod ihres Mannes das halbfertige Adelshaus zu Ende zu bringen, den Gutshof zu beaufsichtigen, den Bau einer Kirche zu betreiben und ihre 14 Kinder (12 blieben am Leben) großzuziehen - und das im Dreißigjährigen Krieg. Als Tillys wüste Landsknechtshaufen in bedrohliche Nähe rückten, erschien sie persönlich in seinem Lager. Couragiert handelte sie dem gefürchteten Feldherrn ein "Salva Guardiam" ab. Der Schutzbrief wurde ans Burgtor genagelt, wo er das Anwesen wie durch Zauberkraft vor der Soldateska bewahrte. Das Pergament mit Tillys Unterschrift liegt heute noch, wenig beachtet, in einer Vitrine. Laß es dir zeigen! Die Schloßkapelle auf der anderen Straßenseite ist die älteste protestantische Kirche Deutschlands. Leider kann sie nicht besichtigt werden, obwohl (oder weil) sie eine Statuengruppe enthält, die von Tilman Riemenschneider stammen soll.

[!] **Schloßführung Hämelschenburg**
April-Oktober tgl. außer Mo
10-17 Uhr zu jeder vollen Stunde

Die Talfahrt nach Emmern (Richtung Hameln) ist ätzend, weil zu dem regen Autoverkehr noch der bedrückende Anblick des zweiten Wesermonsters kommt (AKW Grohnde). Vom jenseitigen Weserufer winkt mit allen vier Armen eine Windmühle herüber - was nichts an der nervtötenden Autostraße ändert. Hinter Ohr erhebt sich auf freiem Feld der Fürst der Bäume, ein alter Ahorn. Wenn er dir ein Foto wert ist, drück gleich jetzt auf den Auslöser. Später ist er vor dem Hintergrund der Ortschaft nicht mehr auszumachen.

Ein Baum mit feinem Charakter: Ahorn

Seine charakteristisch durchgestalteten Blätter sehen aus wie Hände, die zu Sternen werden wollen. Im Sommer bilden sie eine grünes Ganzes, im Herbst wird jedes zu einem farbigen Individuum. Dann segeln auch die doppelflügeligen Samen als Propeller durch die Lüfte. Kinder kleben sie sich auf die Nase und machen aus dem Ahorn ein Nashorn.

Das Holz des Ahorns ist kein Allerweltsmaterial. Feinfaserig und sehr hart, weist es fast keine Jahresringe auf. Das macht es beliebt bei Drechslern und Instrumentenbauern. Was macht die Schönheit dieses Baumes aus? Er bietet in gewisser Weise ein Idealbild mit seinem hohen Stamm und der dichten, kugeligen Krone. Er ist ansehnlich und stark dazu - ziemlich resistent gegen Umwelteinflüsse und mit einer Wurzelkraft, die das Straßenpflaster in die Höhe drückt.

Drei Ahornarten kommen bei uns vor. Der Feldahorn oder Maßholder mit seinen vorne stumpfen, tief eingekerbten Blättern wird nur zwei bis vier Meter hoch. Der Bergahorn ist ein stattlicher Baum von 20 bis 25 Metern Höhe. Seine fünflappigen großen Blätter sind vorne spitz und haben rundum ein Sägezahnmuster. Der silbergraue Stamm ist in jungen Jahren glatt, später blättert die Borke in Plättchen ab. Den Bergahorn findest du, ebenso wie den Spitzahorn, häufig als Chausseebaum. Wie die Blätter des Spitzahorns aussehen, verrät der Name: langgezogen und nadelartig zugespitzt. Die Baumrinde ist dunkel und rissig.

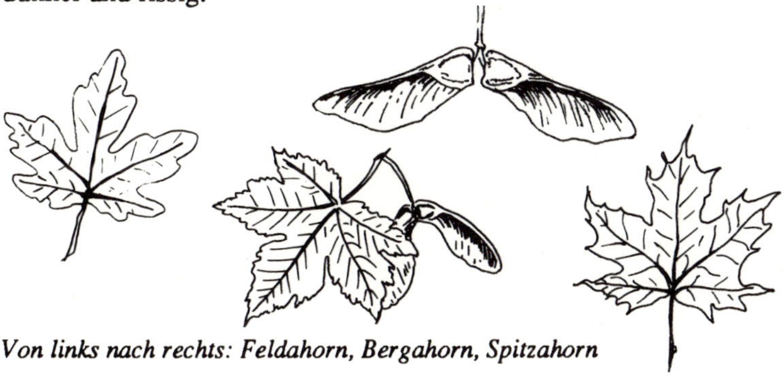

Von links nach rechts: Feldahorn, Bergahorn, Spitzahorn

Am Straßenrand gibt es alte Kastanien zu sehen, linkerhand eine markante Felsschichtung. Etwa 1,5 Kilometer hinter Ohr stößt man auf einen alten Fähranleger, der einen schönen Rastplatz abgibt - übergesetzt wird hier schon lange nicht mehr.

Hameln

Ein Besuch in der wohl bekanntesten Stadt des Weserberglandes läßt sich zwar kurz halten, aber nicht umgehen. Unter der Weserbrücke zieht sich ein Felsriegel quer durch den Fluß, früher ein unüberwindliches Hindernis für den Schiffsverkehr. Also mußte umgeladen

Schnitzwerk am Stiftsherrenhaus

werden - Stichwort Stapelrecht - womit die Hamelner, wie ihre Mündener Kollegen kräftig Profit schlugen. Die vorteilhafte Lage Hamelns und eine lebhafte Mühlenindustrie taten ein Übriges, um Geld in die Stadt zu bringen. 1732 wurde die erste Schleuse gebaut, die heute noch aushilfsweise benutzt wird. Weil wir auf Weserfahrt sind, gehört ein Besuch beim Lachsbrunnen (an der Münsterkirche) zum Pflichtprogramm. Er gemahnt an jene glorreichen Zeiten, wo der Weserlachs so häufig war, daß das Hauspersonal sich energisch verbat, mehr als dreimal in der Woche Lachs auf den Teller zu bekommen. Der fürstlich osnabrückische Land-Conducteur Hollenberg vermerkte 1781 in seinem Reisetagebuch: "Auf beyden Seiten der Brücke sind Ueberfälle, wodurch der Lachsfang betrieben wird, welcher hier für 1200 Rthlr. verpachtet ist".

Wenn du dein Rad durch die Innenstadt schiebst - mehr ist wegen des Fußgängertrubels nicht drin - hast du einen repräsentativen Querschnitt durch die Baukunst des Weserberglandes vor Augen. Hameln ist die Stadt der Weserrenaissance schlechthin mit vielen prächtigen Patrizierhäusern. Und es hat stolze Fachwerkhäuser, bei deren üppigem Bilderschmuck ich Mund und Augen aufgerissen habe. Rosetten und Bänder, Masken und vor allem biblische Figuren in leuchtenden Farben. In den vielleicht schönsten Gebäuden, dem Leist'schen Haus und dem Stifstherrenhaus, ist das Museum untergebracht. Etwas Besonderes ist zweifellos die Sammlung zur Rattenfänger-Geschichte. Eine schriftliche Kurzfassung befindet sich, leider schwer lesbar, an der Fassade des Rattenfängerhauses (Ecke Bungelosenstraße). Es ist ein Fachwerkbalken mit der Inschrift:

Anno 1284
Am Dage Johannis et Pauli
War der 26. Junii
Dorch einen Piper
Mit allerley Farve bekledet gewesen
CXXX Kinder verledet
Binnen hamelen geboren
To Calvarie bi den Koppen verloren

Übrigens hat auch die oben erwähnte Bungelosenstraße mit der Sage zu tun. Bungelos heißt ohne Lärm und Musik, leise. Weil die Kinder auf diesem Weg aus der Stadt zogen, um nie wiederzukehren, wurde ein Bann der Stille über die Straße verhängt. Selbst Hochzeitskapellen unterbrachen ihr Spiel, wenn sie die Straße überquerten.

Die Sage weiß, daß der Stadtrat einen Rattenfänger in Dienst nahm, der die Nager mit seiner Pfeife aus der Stadt lockte. Als ihm aber die Belohnung verweigert wurde, verzauberte er in derselben Weise 130 Kinder (Hameln muß damals rund 1500 Einwohner gehabt haben), um mit ihnen auf immer zu entschwinden. Bis heute weiß man nicht, wie die Geschichte historisch zu deuten ist. Als Zeitpunkt des Geschehens wird das Jahr 1284 vermutet, und es kann sein, daß der Rattenfänger ein Werber für die deutsche Besiedlung Siebenbürgens war. Eine andere Deutung besagt, daß die Jugendlichen der Stadt beim Johannifest vom Veitstanz gepackt wurden und, in einer Art kollektiver Ekstase, unter den Klängen der Musik davonzogen. Es scheint, als wollten sich die Hamelner nachträglich selber der Rattenfängermethode bedienen. Statt lästiger Nager locken sie jedoch Touristen herbei und haben es verstanden, nahezu jedes prachtvolle Fachwerkhaus mit Neonbotschaften zu verknüpfen. Die Innenstadt ist ein einziger Rummel.

[!] **Museum Stiftsherrenhaus/Leist'sches Haus**
Geöffnet ganzjährig
Di-Fr 10-16.30 Uhr; Sa, So 10-12.30 Uhr
(Mai-Okt: So 10-16.30 Uhr)

Wenn du mit dem Fahrrad nicht nur reist, sondern dich besonders dafür interessierst, solltest du Hans-Dieter Schumacher, Marktstr. 8, aufsuchen. Er baut und vermietet Tretmobile und ist sommers zu sehen, wie er mit einem Amphibien-Dreirad über die Weser strampelt ...

Flußpanorama für Romantiker

Linkes Flußufer: Brevörde - Kemnade - Hehlen - AKW Grohnde - Kirchohsen

Sollten dich weder Ottenstein noch Hämelschenburg beflügeln, so nimm die Uferstraße. Sie ist zwar ziemlich stark befahren, aber voll wildromantischer Bilder. Ja, eigentlich müßtest du dir Zeit nehmen für beide Strecken!

Hinter Brevörde führt ein Abzweig rechts nach Grave in den Weserbogen hinein. Vom Radweg der Bundesstraße ist allerdings der Weitblick schöner und man kürzt ab. Hinterm Berg und vorbei an Grave, tauchen links markante Felsrippen auf, die auf die Straße zu springen scheinen. Es sind die berühmten Muschelkalk-Klippen der Steinmühle, die von vielen Dichtern beschrieben wurden. Sie wird schon 1266 urkundlich erwähnt. Auch das jenseitige Ufer zeigt dramatische Gesteinsformationen: Steilabfälle und helleuchtende Felsflächen an der Wand des Breitensteins. Gegenüber spiegelt sich die Wasserfront von Dölme im Fluß.

Auch hinter Steinmühle kann man nach Ottenstein hochfahren. Die Flußpartie ist aber so reizvoll, daß man sie weiter Richtung Pegestorf verfolgen sollte. Wo am rechten Ufer die Campingplätze beginnen, ist die Dramatik vorbei, nicht aber die Attraktivität. Denn voraus hat man den Eindruck, das Tal würde sich tief nach unten winden, sich in die Wälder hineinnagen.

Bodenwerder ist die Heimat des Freiherrn von Münchhausen, kündigt sich aber mit ganz nüchterner Industrie an: Rigipsfabrik, Schiffswerft... bei all den Schloten und Schnellstraßen fällt es uns schwer, hier irgendwelche landschaftlichen Schönheiten Bodenwerders zu würdigen.

In der Klosterkirche Kemnade wurde der Lügenbaron begraben

Freiherr Hieronymus von Münchhausen hat selbst wohl am wenigsten zu seinem Ruf als "Lügenbaron" beigetragen. Erst dreißigjährig, kehrte er als hochdekorierter Offizier in russischen Diensten nach Bodenwerder zurück, um sich nun der Landwirtschaft zu widmen. Abends pflegte er, wie sich das für einen Veteranen gehört, von seinen Schlachten und Scharmützeln zu erzählen. Andere schrieben daraus ein Buch voll großartig erlogener Geschichten zusammen, und der alte Herr soll darüber nicht besonders erfreut gewesen sein ...

Just in Münchhausens Bodenwerder gerieten wir, hungrig von des Tages Mühe, aber ohne einen roten Heller in der Tasche, mit unseren Mountain Bikes vor die üppig gedeckten Tische eines Straßencafés. Beherzt pedalte ich auf die fröhliche Gesellschaft an ihrem Torten- und Eisbankett zu und hielt, mit der mir eigenen Geschicklichkeit, mitten im Fahren an. Ohne die Füße aus den Pedalhaken zu nehmen, lüftete ich artig die Sonnenbrille und entbot meinen Gruß, was besonders den weiblichen Gästen ein aufmunterndes Lächeln entlockte. Mit einem rasanten "Wheelie" hob ich urplötzlich vom Pflaster ab und landete mit beiden Pneus auf dem gedeckten Kaffeetisch! Unter den schreckgeweiteten Augen der Anwesenden kurvte ich im zweiten Gang nun so anmutig zwischen Tassen und Torten, Likörgläsern und Eisbechern umher, dabei klingelnd und mich nach allen Seiten verneigend, daß der Schreck sich in Jubel wandelte. Ohne einen Tropfen Kettenöl zu verlieren, ließ ich das Hinterrad mit einem "Endo" senkrecht in die Höhe steigen und hüpfte zierlich, mitsamt meinem treuen Fahrzeug, vom Tisch herunter. Die Stürme der Begeisterung wollten kein Ende nehmen. Man bewirtete uns fürstlich auf Kosten des Bürgermeisters und tat alles, um uns in die hochbezahlten Dienste des Fremdenverkehrsamte hineinzuloben. Wir indessen, nicht wenig stolz und gesättigt, zogen die Freiheit vor und setzten unseren Weg stromabwärts fort.

Münchhausens Geburtshaus

Das Schloß in Hehlen, auffallend wegen seiner verschiedenen Türme, ist ein weiteres Baudenkmal der Weserrenaissance. Ganz anders als die Hämelschenburg sind die dreigeschossigen Bruchsteinmauern ohne jede schmückende Unterbrechung emporgezogen. Die Fassade wird allein durch die Fenster gegliedert. Die riesigen Dachflächen haben sich noch im Urzustand erhalten, mit Sollingsandstein gedeckt. Gerade sind die "Welschen Hauben" der Schloßtürme zurückgeblieben, da kommen rechts die Schornsteine des AKW Grohnde in Sicht. Links am Hang sträubt sich der Hochwald auf dem Kamm wie ein stachliger Meckischnitt, darunter wird mit kurzwolligem Gesträuch aufgeforstet. Rechts versucht Hajen, auch vor der Kulisse eines Atommeilers malerisch auszusehen - mit Fähre, alter Kirche, einem großen Gutshof.

Linkerhand die rostigen Eisenbahnschienen gehören zu einer Museumsbahn - mit etwas Glück begegnest du dem Dampfroß des Weißen Mannes. Rechts haben die Berge plötzlich den Strom verlassen. Ganz flach ist es geworden; in ein großes Tal biegt sich die Weser hinein. Die Straße versteckt sich unter alten Ahornbäumen mit silbergrauen Stämmen.

Hinter dem nuklearen Denk-Mal läßt du auch Kirchohsen hinter dir (total tote Hose). Der Blick hoch zur Hämelschenburg, die dort über ihr romantisches Tal hinwegschaut, versöhnt dich vielleicht etwas mit der radioaktiven Stimmung, bevor du jetzt in die Rattenfängerstadt einrollst.

Jede Menge Geschichten

Rechtes Ufer: Hameln - Fischbeck - Hessisch-Oldendorf - Rinteln - Veltheim - Vlotho

Verläßt du die Hamelner Altstadt, kommst du unweigerlich auf eine Ringstraße, die auf "-wall" endet (von Süden: Münsterwall, Ostertorwall, Kastanienwall, Thiewall). Am Kastanienwall soll, zwischen Pulverturm und Haspelmathturm, ein Stück der alten Stadtmauer wieder aufgebaut werden. Angeblich trug sie Hameln einst den Namen "Gibraltar des Nordens" ein. Ein Vergleich, den ich nicht nachvollziehen kann.

Zur Fortsetzung der Reise fährst du hoch bis zur Thiewallbrücke und noch am rechten Ufer auf die Promenade. Ab geht der Fisch! Hier kommst du an der Jugendherberge vorbei und dann gehts weiter auf der B 83. In Wehrbeck ist es sinnlos, links zum Ufer durchstoßen zu wollen, geht der Radweg doch erst hinter dem Ort wieder los.

Fischbeck ist das Dorf mit dem Teppich beziehungsweise mit der Dame. Das heißt, mit dem Kloster. Also mal von vorne.

Stift Fischbeck

Seit Jahren hatte die Adelsdame geduldig auf ihren Mann gewartet, der für Kaiser und Vaterland, Ruhm und Beute auf Kriegszug war. Erschöpft und ausgemergelt stand er plötzlich vor der Tür. Die Wiedersehensfreude war nicht von Dauer; schon bald warf es ihn aufs Krankenlager. Besorgt flößte ihm seine Frau einen Kräutersud ein.

Die Idylle versöhnt mit dem Mangel an Dramatik

Die Medizin wirkte aber entschieden anders als erwartet: Der alte Krieger wand sich in Krämpfen und verschied. Böse Gerüchte flogen auf wie ein Schwarm Krähen. Das hochnotpeinliche Gericht beschloß, ein Gottesgericht abzuhalten. Zweimal bestand die Angeklagte die Feuerprobe, beim dritten Mal war ihre Haut gerötet. Die Ratsherren scheuten sich, sie deshalb hinrichten zu lassen, und überließen es wiederum höheren Mächten, für Gerechtigkeit zu sorgen: Die leidgeprüfte Frau wurde in einen Karren gesetzt, vor den wilde Hengste gepannt waren. Ein Peitschenschlag, und die zügellosen Pferde gingen durch. Die rasende Jagd endete mit der Zertrümmerung des Wagens, wobei wundersamerweise der Frau nichts geschah. Als sie aus ihrer Ohnmacht erwachte, lag sie am Rand eines klaren Baches, in dem unschuldsvoll die Fische spielten. Dankbar über ihre Rettung stiftete sie ein Kloster, daß sie nach dem Bächlein Fischbeck nannte. Ein Bildteppich aus dem 16. Jahrhundert, in der Klosterkirche noch heute zu sehen, überliefert die Geschichte. In Wirklichkeit sah die Gründung des Klosters vor 1000 Jahren wohl etwas anders aus. Die Stifterin Helmburgis zählte sowohl edle Sachsen als auch Franken zu ihren Vorfahren. Die Bestätigung des Klosters durch Kaiser Otto I.

war deshalb auch ein politischer Akt, um die knurrigen Germanen ins Frankenreich zu integrieren. Fischbeck ist einen Besuch wert. Die wuchtige Stiftskirche gilt als einer der bedeutendsten Romanikbauten im Weserraum.

Stiftskirche Fischbeck
Führungen April-September
tgl. außer Mo 14-16 Uhr
Dienstags und Freitags auch 9-11 Uhr

Hinter dem Kloster ist die Weser außer Sicht geraten, das Tal weitzügiger geworden. Schumacher (siehe Literaturliste) schwärmte seinerzeit:

> *"Die Berge sind stellenweise mehrere Kilometer entfernt, laden aber durch ihre prächtigen Waldungen zu Wanderungen ein. Die lachende Fluren, die vielen Flecken mit ihren roten Dächern, die Viehherden auf den üppigen Wiesen, dazu die gerade auf dieser Strecke so häufigen Windungen der Weser, das alles kann den Wanderer wohl erfreuen."*

Gut Stau erscheint im Vorüberradeln als ein düsterer Komplex. Erst nachträglich las ich von der Begebenheit, die sich hier zugetragen haben soll. Anno Domini 16 stehen sich an den Ufern der Weser der Cherusker Armin und sein Bruder Flavus gegenüber. Hinter dem Freiheitshelden haben sich seine zottigen Germanenkrieger aufgebaut. Der römertreue Flavus trägt mit Stolz seine blitzende Rüstung und ist von uniformierten Legionären umgeben. Beschwörend bittet Armin den Bruder, seiner Sippe, seinem Stamm und dem germanischen Volk die Treue zu halten. Doch Flavus setzt unbeirrt auf die neuen Herren. Der über die Weser gebrüllte Wortwechsel wird immer heftiger, bis die ungleichen Geschwister schließlich zornentbrannt zu den Waffen greifen, um sich gegenseitig handgreiflich zu überzeugen. Zwar wissen ihre Gefolgsleute das zu verhindern, doch kurz darauf kommt es - angeblich hier bei Gut Stau - zur Schlacht. Armin entkommt diesmal nur knapp den siegreichen Legionären.

Rechterhand blickt die alte Feldsteinkirche von Weibeck herüber, vor uns taucht Hessisch Oldendorf auf. Wir kommen an eine Schranke der Eisenbahn, die auf Anruf geöffnet wird. Steht dir der Sinn nach Radlerschweiß, möchtest du den kleinsten Gang deiner Schaltung testen? Dann nichts wie rein in den Ort! Sonst geht es weiter auf dem Radwanderweg, links über die Bahn.

Höhenausflug Süntel

Hessisch-Oldendorf bietet sich besonders für MTB-Fans als Standquartier an, um das nördlich liegende Naturschutzgebiet Hohenstein zu erforschen (Höhe bis 324 Meter) oder Ausflüge zum Süntel im Westen zu unternehmen (bis 440 Meter). Die Felsen rings um den Hohenstein selbst sind allerdings tabu. Hier triffst du auf eine wunderliche Baumart: die "Süntelbuchen", deren verzauberte Stämme sich biegen, winden und knoten, obwohl sie zu den sonst so gerade aufstrebenden Rotbuchen gehören. Liegt es an der Bodenbeschaffenheit oder etwa an den Strömen von Blut, die diese Erde tränkten? Unter dem Hohenstein vernichtete Herzog Widukind mit seinen Sachsen eine fränkische Heeresabteilung. Namen wie Dachtelfeld, Blutbach und Totental erinnern an das Gemetzel. Die Niederlage traf Kaiser Karl um so härter, als er erst vier Jahre zuvor, bei Roncesvalles in den Pyrenäen, einen vernichtenden Schlag hatte einstecken müssen.

Eine Begegnung der dritten Art

Auf jeden Fall wollen wir diesen Abend noch Rinteln erreichen. Es dämmert schon, als wir uns für den Weserradweg, links an Oldendorf vorbei, entscheiden. Keine zehn Minuten später führt er unter einer

Alternative zur Straße: Oberweser-Dampfschiffahrt

Bogenbrücke hindurch. Eigenartig! Wozu soll hier, mitten in den Wiesen, eine Brücke gut sein? Die Weser ist immerhin einen halben Kilometer entfernt. Plötzlich kommt Jakobs Rad knirschend zum Stehen. Stumm zeigt er mit ausgestrecktem Arm nach vorn. Eine Laterne schaukelt durch die Dämmerung. Hält inne, senkt sich, geht wieder in die Höhe. Der rötlich zitternde Lichtschimmer bewegt sich weiter, nur - es ist niemand da, der die Laterne trägt. Kein Mensch weit und breit. Unvermittelt erlischt das Licht. Wir sehen uns betreten an: komisch? Eher unheimlich, obwohl ich, gewollt heiter, das Morgenstern-Gedicht zitiere: "Ein Knie geht einsam durch den Wald". Eine Möwe gaukelt schattenhaft über uns hinweg, die erste seit Münden, wie ein stummer Gruß von der Küste. Wir treten wieder in die Pedalen und rollen weiter in die Dunkelheit hinein. Hinter Großwiedendorf geht es vorbei an Baggerseen. Drüben sind die düsteren Berge dicht ans Ufer herangerückt. Nach Kleinwiedendorf wieder die Weser, still und glatt das Wasser. Und da ist es plötzlich wieder: Das Licht, es eilt neben uns her. Diesmal funkensprühend, wie von einer zornigen Hand gerüttelt. Wie gebannt sehen wir hinüber, bis der Spuk wieder verschwindet. Vor Engern verlieren wir den Radweg und geraten auf die örtliche Raserpiste nach Rinteln.

Beim Lindenwirt in Engern kostet ein Zimmer direkt an der Straße 80.-, wir wenden uns mit Grausen. Dann Industrie links und rechts, lärmender Vorstadthorror von Rinteln. Erst im Zentrum (Café Werthmüller) finden wir Unterkunft.

Und in einer Kneipe werden wir über die unheimliche Geschichte von der Laterne aufgeklärt. Früher gabelte sich die Weser bei Gut Stau, um hinter Oldendorf wieder zusammenzufließen (der seltsame Brückenbogen, unter dem heute kein Wasser mehr fließt, spannte sich damals über den Nebenarm). Dem "Jösteken", mit richtigem Namen Jost von Mengersen, paßten die sumpfigen Ufer des Seitenarms nicht. Er brachte das Gewässer zum Versiegen. Dabei half ihm, wie häufig bei solchen Unternehmungen, der Teufel. Seitdem kommt Jösteken nicht zur Ruhe. Im Abendnebel streift er mit seinem Licht in den Flußauen umher und versucht, einsame Reisende in die Irre zu locken. So weit, so wahr. Das Gespenst ist in der Fischbecker Kirche begraben und soll dort hartnäckig den Fuß zum Sarg hinausstrecken. Das wiederum kommt mir recht unwahrscheinlich vor.

Im Stadtkern um die Kirche herum kann man es wohl aushalten. Mich stört an diesem Ort die Historie - obwohl das vielleicht Unsinn ist, denn Schreckliches hat sich schon überall zugetragen. Rinteln war Universitätsstadt (1621 - 1809). Das fand ich solange beeindruckend, bis ich hörte, womit die Uni ihren Ruf begründete. Hier wurden mit wahrem Feuereifer "Hexen" gefoltert, verurteilt und hingerichtet. Das Licht in der Rintelner Finsternis war der Jesuit Friedrich von Spee. Als Beichtvater verurteilter "Hexen" war er vom Irrwitz seiner Zeitgenossen erschüttert. Seine "Cautio Criminalis", erst nach seinem Tod von einem mutigen Rintelner Drucker unters Volk gebracht, ist eine leidenschaftliche Streitschrift gegen den Hexenwahn.

Die Rintelner behaupten, der Dichter Franz von Dingelstedt habe in ihrer Stadt sein vielzitiertes Weserlied verfaßt:

Hier hab ich so manches liebe Mal
mit meiner Laute gesessen,
hier schaut ich hinunter ins weite Tal
und hatte die Welt vergessen.

Und um mich rauscht' es und klang so hehr,
und über mir tagt' es so helle,
und unten brauste das ferne Wehr
und der Weser blitzende Welle.

Wie liebende Töne aus rotem Mund,
so flüstert' es rings um die Bäume,
und aus des Tales blühendem Grund
begrüßten mich nickende Träume.

Da sitz ich nun wieder und spähe umher
und horche hinauf und hernieder;
die holden Weisen klingen nicht mehr,
die Träume kommen nicht wieder.

Die süßen Gestalten sind all' zerstreut,
der Himmel beengt und trübe -
fahr wohl, fahr wohl, du selige Zeit,
fahr wohl, du närrische Liebe!

Rinteln - Eisbergen - Veltheim - Vlotho

Wenn du trödeln willst, fährst du direkt am linken Ufer Richtung "Doktorsee", der dann allerdings umrundet werden muß. Wer hinter diesem Namen ein Heilwasser vermutet, hat falsch getippt; es handelt sich um ein Bräunungsreservat. Ein hoher Zaun schützt Sommerfrischler, die für das Bad im See beziehungsweise in der Menge Eintritt bezahlt haben.

Hinter dem Campingplatz, gleich hinter dem Schild "Toilettenhaus 6", kannst du links zum Kloster Möllenbeck abbiegen. Seine Doppeltürme stechen vor der Kulisse eines Höhenzuges in den Himmel. Die Geschichte ist so schonungslos über das Klostergut hinweggefegt, daß du mit seiner Silhouette bereits den besten Teil gesehen hast und getrost dem Radweg nach Vlotho (rechts) folgen kannst. Über eine alte Eisenbrücke rollst du aufs rechte Ufer nach Eisbergen hinein. Hier vertraue ganz der Radweg-Beschilderung, obwohl die Streckenführung befremdlich ist.

Vom nördlichen Horizont hebt sich schon verheißungsvoll die dunkle Kruste des Wesergebirges ab. Hier ist Mühlenland: Links, hinter einem Kiessee, streckt die erste ihre Arme. Dann geht rechts eine Straße namens "Bockmühle" hügelan. Wer sich die Mühe des kurzen Aufstiegs macht, hat einen Rundblick, wie ihn einst der Windmüller genoß, und einen schönen, wenn auch windigen Rastplatz dazu. Von der Bockwindmühle Veltheim findest du nur noch Überreste. Es war die älteste in weitem Umkreis, erbaut 1723, gestiftet angeblich von zwei exzentrischen alten Damen aus Amerika. Bis 1952 mahlte sie Korn zu Mehl, 1960 warf sie ein Sturm zu Boden. Die aus einem Stamm geschnittene Welle, mächtig wie ein Saurierknochen, und die Mühlsteine künden noch von dem Erfindungsgeist des Menschen und der Kraft des Windes...

Der Radfernweg Weser (Nr. 41) vollzieht jetzt allerlei irritierende Windungen - nicht zweifeln, folgen!.

Veltheim, ein Dorf mit stillem Friedhof und schnatternden Gänsen, darüber zwei röhrende Kampfflugzeuge. Eine verwaiste Fährstelle (früher die Verbindung nach Erder auf der anderen Seite). Wir pedalen auf ein Kraftwerk zu mit riesenhohen Schloten, denen leise Gelbliches entquillt. Kurz vor Borlefzen halten wir ein wenig von der

Weser ab, es geht einen steilen Radweg hinauf. Von der Höhe kannst du am Horizont eine imposante Markierung ausmachen, den großen Weserdurchbruch mit der Porta Westfalica. Wir aber folgen geduldig dem Flußlauf nach Westen. Immer noch geht es bergauf. Links unter uns, verborgen durch die Bäume, muß die Eisenbahn verlaufen. Nur manchmal sieht man den Strom aufglitzern. Kurz oberhalb des Gipfels tritt der Wald links ein Stück zurück, dann kommt eine Einfahrt. Hier mache Halt und erfreue dich endlich an dem langverdienten Weserblick.

Wer zelten will und nicht viel nach offiziellen Campingplätzen fragt, findet hier oder ein Stück weiter im Wald den idealen Lagerplatz.

Die Gegend vor Vlotho ist dicht besiedelt und wenig attraktiv. Hinter dem Ort sieht's leider nicht viel anders aus...

Der große Durchbruch

Linkes Ufer: Vlotho - Bad Oeynhausen - Porta Westfalica - Minden - Petershagen -

Alternative am rechten Ufer: Vlotho - Porta Westfalica
Der Radweg führt 5 Kilometer an der Weser entlang, um sie dann zu verlassen. Erst im Felsendurchbruch, der Porta, begegnest du ihr wieder. Ich möchte dir aber empfehlen, die letzten Kilometer im Weserbergland bei dem Fluß zu bleiben. Nachteil: Vlotho-Bad Oeynhausen ist eine miese Strecke.

Ödes Gekurbel

Von der großen Brücke am Stadtrand von Vlotho aus läßt sich rechts unten schon der Radweg erspähen, doch warte bis zum Schild (Radweg 6, nach rechts).

Kurze Pause gefällig? Hinter der Brücke rechts ist eine Fußgängerzone - besser nicht radeln, Polizei gleich gegenüber.

Dicht vor der Weser überquerst du einen Bach (Mühlenbach oder Salze?), in dem sich Forellen tummeln. Und wenn du genau hinsiehst, entdeckst du auch die eine mit dem großen Geschwür. Die Radwegbeschilderung ist hier besonders stark von Rowdys zerkratzt oder ganz abgerissen, was die ohnehin nicht sehr reizvolle Strecke noch mühsamer macht.

Am günstigsten ist es, dem markierten "Weseruferpfad Wiehengebirge" zu folgen.

Mahnmal der Schande

Am alten Dampferanleger von Babbenhausen stießen wir übrigens das erstemal auf jenes makabre Schild, das über die Gesundheitsgefahr beim Baden in der Weser aufklärt...

Erst bei Oeynhausen-Rehme wird die Strecke wieder schön (Radweg Nr. 6, am Alten Fährhaus vorbei und weiter am Ufer). Breit fließt die Weser durch das Wiesental und ruht in ihren behäbigen Bögen aus. Es scheint, als wolle sie Kraft sammeln vor dem großen Tor, der Porta Westfalica. Alte Weiden und langgezogene Abbruchkanten am Ufer vermitteln noch eine Ahnung der alten Urwüchsigkeit. Nirgendwo kann man sich ein gemächlich stromab treibendes Weserfloß so gut vorstellen wie hier. Nachdem drüben die großen Altwasserflächen zurückgeblieben sind, kommst du an einen überdachten Rastplatz. An der Weserpromenade - zur Abwechslung ganz außerhalb des Dorfes - stehen von Birken und Weiden beschattete Bänke. Ein guter Platz fürs Zelt! Im Gleichklang mit dem Strom ziehen wir dem Wiehengebirge entgegen, das jetzt schon recht nahe vor uns den Horizont ausbeult.

Am Ufer gegenüber zerrt ein breitmäuliger Bagger die Böschung glatt. Tüchtige Behörden: Da werden alle Bruchkanten, in denen möglicherweise noch die Uferschwalben nisten, sauber planiert. Was kommt danach? Unten Böschungsquader aus Beton, oben Kiesel-Nivellierung. Überdeutlich ist hier der Kontrast zwischen Restnatur und steriler, totsanierter Flußlandschaft.

In Lohbusch stellen wir die Räder an eine Pappel, lassen Steine über das Wasser flitzen und binden ein kleines Floß aus Treibholz zusammen. Die Frühjahrsfluten haben am Ufer genagt und einen sauberen Querschnitt hinterlassen: oben eine zerzauste Grasmütze, darunter grauer Lehm, unten Kiesel. Eingebettet ein rostiges Stück Drahtseil und verrottetes Flechtwerk der alten Uferbewehrung . Der klebrige Auelehm, so behaupten Wissenschaftler, soll erst seit der Urbarmachung der Flußauen im Weserbergland angespült worden sein. Als der Wald den ersten Äckern und Wiesen weichen mußte, trug die Weser den ungeschützt liegenden Boden davon.

Zu unseren Füßen hat das Wasser eine Sichttiefe von 40 Zentimetern. Die Weser stinkt. Wir lassen unser Floß, die "Fleutjepiepen", vom Stapel laufen. Das hölzerne Männchen am Ruder hebt stumm den Arm. Auf zur Porta, nach Bremen, zum Meer! Noch eine Million Floßlängen bis zur Nordsee...

Hinter Lobusch immer der Radweg-Markierung folgen; alles andere führt in die Irre! Die B 61 führt nun brav im Schatten des Wiehengebirges entlang, exakt nach Osten. Und dann der Durchbruch!

Porta Westfalica

Die "Westfälische Pforte" ist sicher der dramatischste Punkt des gesamten Weserverlaufs. Links ragt das Wiehengebirge empor, rechts türmt sich das Wesergebirge über dem Fluß. Nachdem sich die Weser durch den Felsenriegel gesägt hat, ändert sie Charakter und Namen. Als Unterweser zieht sie nun dem Meer entgegen. Das anmutige Hü-

Blick von Minden zur Porta

gelland liegt hinter uns; von nun an werden wir durch die Ebene rollen. Das Kaiser-Wilhelm-Denkmal auf dem Wittekindsberg bietet einen herrlichen Ausblick. Als Bauwerk (Kunst müssen wir das doch nicht nennen) ist es eine Belanglosigkeit, für die eine Million Goldmark verpulvert wurde. Auf dem Jakobsberg an der Ostseite sticht weithin sichtbar ein Fernsehturm in den Himmel - auch nicht schöner. Der Gipfel ist nach einem Kriegsveteranen des Alten Fritz benannt, der sich hier unverdrossen als Winzer betätigte. Eine Flasche des sauren Gewächses schickte er Friedrich dem Großen nach Potsdam, wo sie bei der Weihe einer Regimentsfahne entkorkt wurde. Nachdem der Alte Dessauer zuvor einen Schluck gekostet und herzlich gehustet hatte, warnte er den König: "Vorsicht, Majestät! Een Droppen uff de Fahne, und det janze Rejiment zieht sich zusammen!" Soviel zum Renommée der nörlichsten Weinberge.

Ferdinand Freiligrath beschrieb die Porta Westfalica, wie er sie von Minden her sah:

> *"Das ist die Porta, und wer sie so gesehen hat, nach mühsamer Durchwanderung des Flachlandes von der Mindener Brücke aus, felsig und waldig, und von den heißen, sehnsüchtigen Tinten eines Sonnenuntergangs zu Ende Mai magisch beleuchtet, wohl schlug dem das Herz hochauf vor Freude, und er lauschte lechzend hinab in das murmelnde Geschwätz des Flusses, der alle Märchen und Heimlichkeiten des eben verlassenen Waldgebirges ihm erzählen zu wollen schien. Silberfarben, hier und dort einen Scheideblitz der Sonne zurückwerfend, kam er durch Wiesen und Weiden herangeschossen; einsame Kähne schwammen stromunter..."*

Minden: Down to the Lowlands

Die Stadt, in der sich Bischöfe und Ratsherren so prächtig streiten konnten (siehe Beschreibung von Petershagen), lockt nicht nur mit dem Dom, sondern auch mit dem dazugehörigen üppigen Schatz. Wer sich durch meine Begeisterung für schöne Kirchen langsam genervt fühlt, nimmt am besten den Lenker in die Hände und fährt durch die pittoresken Straßen des alten Fischerviertels "Flint" (nördlich des Doms direkt an der Weser). Konservierte Vergangenheit findest du im Museum, das unter anderem die Weserschiffahrt behandelt.

Dombesichtigung: tgl.außerhalb der Gottesdienste
Domschatz: Di,Do,Sa,So 10-12; Mi,Frei 15-17 Uhr
Museum: Di-Frei 10-13, 14.30-17 Uhr
Sa 14.30-17, So 11-18 Uhr

Willst du den Ort nicht weiter erkunden, dann gleich ab Porta den Fuß/Fahrradweg an der B 61: talwärts sausen gen Minden, dabei Kampf mit den hier gleichberechtigten zahlreichen Fußgängern bis 13 auf die letzte Speiche... Sich hier nach rechts lösen zu wollen, zur Flußaue hin, hat wenig Sinn. Also Augen zu und durch, bis der Radweg R 26 dich wiederhat! Vor dir plötzlich eine ungeheuer wuchtige Steinbrücke. Es ist ein höchst ungewöhnliches Bauwerk. Hier mußt du hinauf (und merk dir gut, wo der Radweg weitergeht).

Wasser kreuzt Wasser: der Mittellandkanal

Meter über dem Fluß fließt der Kanal. Egal, wie sinnvoll unsere Kanalbauten sein mögen - das ist phantastisch! Obwohl es verboten ist, kann man hier oben neben den tuckernden Binnenschiffen herfahren und obendrein weit ins Wesertal blicken. An der gigantischen Schleuse, die beide Gewässer miteinander verbindet, sind Besucher gern gesehen (eine kleine Ausstellung ist auch dabei).

! **Schleuse und Ausstellung**
Geöffnet Apr-Okt, tgl. 9-17 Uhr

Unterhalb der Schleuse kam es während unserer Tour zu einem erregenden Minigolf-Duell. Jakob und mir gelang es hier, fahrtenübliche Meinungsverschiedenheiten in einem harten, aber fairen Match zu harmonisieren. Da wurden eiskalt die Bälle plaziert, gnadenlos pfiffen die Schläger durch die Mindener Vorstadtluft, Verwünschungen und Triumphgeschrei wechselten in munterer Folge ...

Der Fluß wird erwachsen

Hinter Minden zeigt sich die Weser ungewohnt; nachdenklich breit im flachen Land, mit grünen und roten Fahrwassertonnen. Wir hatten nicht gedacht, daß der Fluß nach der Porta noch so schön sein würde. Ganz flache Erhebungen markieren die Ufer. An der Wasserkante beschaut gelbliches Strubbelgras sein Spiegelbild. Und im Dunst der Ferne ein zartgraues Atomkraftwerk... Die Dampffahne genau vor uns. Die Förderbänder eines Kieswerk greifen wie Finger einer Riesenhand nach der Weser. Doch der Fluß funkelt in der Abendsonne so wunderbar, daß man die widersprüchlichen Bilder nur mit einem Kopfschütteln in Einklang bringen kann.

Der Asphaltweg direkt am Wasser geht über in eine Schotter-Lehmpiste, 50 Meter landein, phantastisch zu fahren.

Vor dir liegt eine Ziegelei, die im Moment noch gnädig den Anblick des AKW verbirgt. Genau hier knallte uns ein Reifen weg. Eine düster vorrückende Wolkendecke gab die Kulisse ab, vor der wir das Hinterrad eines Hollandrades in 12 Minuten flickten. Eine persönliche Bestleistung, über die wir uns noch während der nächsten 100 Meter begeistert unterhielten.

Bevor der Radweg sich in einen Feldweg verwandelt, links ab und sofort wieder links (Markierung)! Im Bogen geht es nach Petershagen (Richtung Stolzenau-Bremen). B 61 kreuzen, auf Radweg 24. In Petershagen am Bahnhof vorbei, aber auf keinen Fall dahinter links auf den Fahrradweg - er führt weit weg von der Weser. Sondern immer: Radfernweg Weser (Weserroute). Der schnurgerade Radweg ist eine Wonne. Wer ihn eingerichtet hat, weiß ich nicht, aber hier sei ihnen herzlich gedankt!

In Petershagen kurbeln wir am pittoresken alten Bahnhof vorbei, der jetzt ein Restaurant ist. Kannst du dir vorstellen, daß dieses Wesernest einst ein Bischofssitz war? Als Minden im 14. Jahrhundert Hansestadt wurde, fühlte sich der Bischof dort nicht mehr richtig wohl. Er ließ den Turm des Doms hinter sich und quartierte sich schmollend in Burg Petershagen ein (heute ein Hotel - wenn das der Bischof wüßte!).

Möglich, daß du hier einen gewaltigen Eimerbagger bei der Arbeit siehts (und hörst). Was er an Sand, Steinen und Schlamm tonnenweise aus dem Fluß holt, soll dem derzeitigen Lieblingsobjekt der "Weserwirtschaftsplaner" dienen.

Streitobjekt Mittelweseranpassung

Zweck des Unternehmens: Die Mittelweser zwischen Bremen und Minden soll zukünftig für die großen "Eurokähne" auch bei Niedrigwasser schiffbar sein. Dazu muß der Flußlauf über eine Länge von 133 Kilometern auf drei Meter Wassertiefe ausgebaggert werden. Die häßlichen Schleusenkanäle werden in die neue Wasserstraße einbezogen. In mehr als 20 Flußkurven will man die Ufer "rückverlegen", damit dort ein schrammen- und beulenfreier Gegenverkehr der Frachtschiffe gegeben ist. Rückverlegen klingt gut. Gemeint sind neue Uferabstiche, etwa 20 Meter hinter den jetzigen, auf jeweils einen halben Kilometer Länge. Obwohl man dem Wasser- und Schiffahrtsamt schon eine gewisse Rücksichtnahme auf die Natur abtrotzen konnte, ist das Projekt nach wie vor eine haarige Angelegenheit. "Mit dem Baggergut werden Kiesgruben in flache Öko-Tümpel verzaubert," meinen die Planer. "Für den Schwermetall-Schlick werden sich Flora und Fauna herzlich bedanken," entgegnet der Bund für Umwelt und Na-

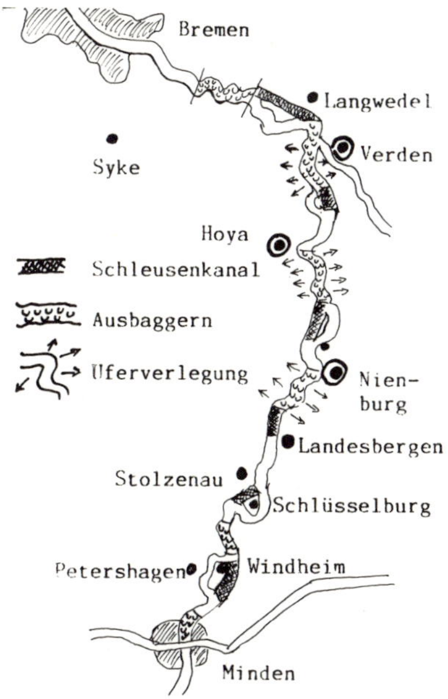

turschutz. Fraglich ist vor allem, ob die 60-Millionen-Mark-Idee sich überhaupt rechnen wird. Der Reigen der Euroschiffe, die ab 1992 weserauf und weserab tuckern sollen, ist bislang ein frommer Wunsch. Elbe-Seitenkanal und Rhein-Main-Donau-Kanal lassen grüßen.

Übernachtung
In Ovenstadt liegt der Atommeiler Windheim-Jössen schon rechts hinter dir. Du biegst rechts ab zur romanischen Kirche, dann wieder rechts bis zum Hotel Traberstuben. Die netteste, fürsorglichste Unterkunft, die sich ein sattelmüder Radler wünschen kann. Wenn du dazu noch etwas von Pferden verstehst, um so besser. An der Theke findest du dich unversehens im Gespräch mit AKW-Arbeitern.

In Ovenstadt weist ein Schild nach rechts zur romanischen Kirche von Buchholz. Hier fährst du richtig "über Land" auf kleinen, kaum befahrenen Straßen von Dorf zu Dorf. In Großenheerse rechts auf den "Großenheerser Ring" abbiegen und immer geradeaus, zur Weser hin. Der Weg biegt links ab.

Aber, wenn du ein Fernglas dabeihast und dich für die Vogelwelt interessierst: Stromauf liegt das Naturschutzgebiet (NSG) "Häverner Marsch". Uns schienen die rekultivierten Kiesseen viel interessantere Biotope zu sein als die keimfreien Weserufer. Das NSG ist gesperrt, aber auch von der Straße aus kann man einiges zu sehen kriegen. Auf Anhieb sahen wir Reiher-, Stock- und Tafelenten, Haubentaucher und Hubschrauber (letztere häufig). In Buchholz merkst du erneut, daß sich der Weg über die Dörfer lohnt. Mitten im Ort liegt eine gewaltige Baumleiche, irgendwann vom Blitz gefällt. Gerne hätte ich die romanische Kirche besichtigt (wo ist der Schlüssel???). Gedrungen und selbstbewußt behauptet sie sich am Weserstrand.
Da rollen wir nun durch die satte Wesermarsch. Wie anders war doch der Fluß, als er sich noch mit den Bergen streiten mußte! Mitten in den Wiesen geht es wieder nach links, auf bewohntes Gebiet zu (der Radwegweiser ist herausgerissen, liegt aber noch im Gras!) Du kommst auf lehmverschmierter Straße, vorbei an Kiesbaggern, nach

Langern. An sich fährst du nun rechts, Landstraße Richtung Stolzenau. Aber nicht im Oktober!

Oktobertip
Nicht rechts abbiegen, sondern Landstraße überqueren und gegenüber reinfahren. Erste Straße links abbiegen: Dort steht der Nußbaum!
Bei jedem Laufthauch knallten die Nüsse auf das Pflaster. Alles lag schon voll. Wir öffneten die Satteltaschen und machten uns ans Werk. Und immer, wenn wir endlich losfahren wollten, wieder ein Luftzug... Kann man da weiterfahren? Klebrigen Kleiboden überall am Rad, an den Schuhen, an den Hosen - aber schwerbeladen mit Walnüssen strampelten wir weiter.

In Diethe rechts abbiegen. In der Kurve ein Storchennest auf einem Telegrafenmast. Jedes Jahr kommen sie wieder - noch! Dahinter (ebenfalls ein Oktobertip) ein Birnbaum mit kleinen, braunen, süßen Früchten.
Auf glattem Beton kurbeln wir wieder der Weser entgegen. Hier teilt sich der Fluß; links verläuft der schnurgerade Schleusenkanal. Über den Deich hinweg gelangen wir nach Müsleringen. Nimm die weserseitige Straße am Dorfrand. Wo ein hoher blauer Silo auftaucht, rechts ab. Vor dem Hof mit Silo wieder links. Du bist auf der Schlüsselburger Straße (Markierungsschild: blaues Fahrrad, darunter grüne 20). Schnell über den öden Kanal gebrückt, auf Schlüsselburg zu, das einzige Weserdorf, das von allen Seiten von Wasser umgeben ist.

Scheunenviertel: ein kleines Architekturdenkmal

Am Ortseingang von Schlüsselburg liegt das "Dorf vor dem Dorf". Es ist eine Ansammlung von Fachwerkscheunen und -schuppen, ohne Wohngebäude, aber mit Bäumen, Hecken und Gassen wie eine richtige kleine Ortschaft. Das Scheunenviertel zog uns magisch an. Vergeblich suchten wir allerdings die Schmugglerverstecke aus der Zeit der Kontinentalsperre. Aber vorstellen konnten wir uns die Szenerie bestens: wie napoleonische Zöllner durch die winkligen Gassen stürmten, um endlich die schlitzohrigen Bauern mit Konterbande zu erwischen. Und die Weserbauern mit Holzpantinen an den Füßen, sich den Kopf kratzend: "Nee, Musjöh, davon weet ick rein ganix, ick bün ja blots n'ehrlicken armen Buurn ..."

1988 sind wieder 500.000 Mark zur Renovierung der historischen Fachwerkscheunen bewilligt worden. Die Arbeiten werden jetzt durch einen Architekten beaufsichtigt, denn früher sah man statt fachgerech-

Fachwerk im Scheunenviertel

ter Renovierung gelegentlich einen neuen Pflug auftauchen bei jenen Bauern, denen ein Zuschuß ausgezahlt worden war.

Noch in Schlüsselburg kommst du an der alten "Molkerei und Dampfmühle" vorbei: Industrie-Nostalgie pur.

Abstecher NSG Staustufe Schlüsselburg

Hinter der alten Molkerei geht es rechts ab in die Straße "Zum Mühlenbrink". Immer geradeaus durch die Marsch bis über den Deich. Gegenüber der Kirchturm von Heimsen. Hier beginnt das Naturschutzgebiet; rechts ist der Beobachtungsturm zu sehen. Räder anschließen, Feldstecher gepackt und nichts wie hin! Links geht's zurück nach Schlüsselburg, vorbei an Angelgewässern nahe dem Fluß. Links stehen alte Silberweiden auf dem Deich. Rechts, zwischen Sommer- und Weserdeich, ein Altwasser. Abzweige nach links über den Deich nicht beachten, sondern auf die roten Dächer des Ortes zuhalten. So kommst du ans Ortsende, zum Stauwehr mit seinem Wasserkraftwerk. (Hier sah ich in den Sträuchern drei bunte Stieglitze - du auch?)

Moor

Rechtes Ufer: Schlüsselburg - Wasserstraße - Rehburg - Loccum - Landesbergen - Nienburg (alternativ: linkes Ufer, nächstes Kapitel)

Am Ende des Ortes passierst du die Kirche (auch so ein verlockendes Gemäuer, das dem Reiseradler zumeist verschlossen bleibt) und die Schlüsselburg selbst. Sie wirkt grau und schmucklos, gar nicht museal; andererseits ist sie bewohnt und einfach "echt" - ich mag sowas. Ein Storchennest und die zugehörigen Kalkstreifen schmücken das Dach.

Die monumentale Staustufe ist ein unheimliches Bauwerk. Wirf mal einen Blick hinunter: Zum Heben der Wehre verwendet man die Fahrradkette eines Riesen, der sie in grauer Vorzeit bei einer Fahrradpanne hier liegenließ.

Abstecher Loccum und Münchehagen

Von Wasserstraße nimm schnurstracks die Loccumer Landstraße. Rechts gespenstert die Ruine einer Windmühle. Das nadelspitze Türmchen zeigt an, daß du auf ein Zisterzienserkloster zuhältst. Die Mönche dieses Benediktinerordens verzichteten auf stolze Türme und architektonischen Prunk. Ihre Kirchenbauten liegen immer in Tälern, sie sind von feierlicher Strenge und Klarheit. Statt eines Kirchturms findet man bei ihnen nur den charakteristischen kleinen "Dachreiter". Loccum ist auch eine Tagungsstätte; für unseren Geschmack war es hier zu unruhig. Nur am Teich im Klosterpark ist es unter hohen alten Kastanien gut auszuhalten.

Münchehagen: Urweltschreck und Umweltdreck

Münchehagen ist nur drei Kilometer von Loccum entfernt, und schon bevor du auf der B 441 in den Ort rollst, hast du die Hauptsehenswürdigkeit in erreicht. Am nördlichen Ortsrand, 500 Meter von der Bundesstraße entfernt, liegt der stillgelegte Steinbruch mit den berühmten Dinosaurierspuren. Es ist etwas über 100 Millionen Jahre her, daß hier eine gigantische Echse durch den Schlamm patschte und ihre beinahe halbmetergroßen Fußstapfen hinterließ. Die Fährte mißt 28 Meter und enthält 19 Trittsiegel. Aus den dreizehigen Füßen und der Gangart (känguruhartig, auf den Hinterbeinen) schloß man zunächst auf das Iguanodon, stellte aber vor kurzem fest, daß es sich um eine bisher noch unbekannte Art handelt.

Stellt man sich die schuppigen Riesenechsen als Schrecken ihrer Umgebung vor, so kann das Münchehagen unserer Zeit mit einem Horror anderer Art aufwarten. Hier ist der Standort einer Sondermülldeponie, einer tickenden Zeitbombe, die in jüngster Zeit Schlagzeilen gemacht hat. Das Verwaltungsgericht Hannover rieb der Bezirksregierung und dem Landkreis Nienburg haarsträubende Versäumnisse unter die Nase: Die von 1976 bis 1983 betriebene Giftmüllkippe ist rechtswidrig genehmigt worden. Signalwirkung geht von dem Urteil dadurch aus, daß die Genehmigung jetzt für nichtig erklärt wurde. Doch wohin mit der "tickenden Zeitbombe", mit 500 000 Kubikmetern Giftmüll? Zumindest ist die Landesregierung in der Pflicht, aktiv zu werden.

Ein markierter Radweg beginnt in Wasserstraße gleich links hinter dem Bahnübergang und führt nach Rehburg.

Abstecher Klosterruine Rehburg

Kurz hinter dem Ortseingang von Rehburg führt eine Stichstraße rechts zum Wald hinauf, ein Hinweisschild kündigt Klosterreste an. Der kurze Abstecher lohnt sich, obwohl es äußerlich wenig zu sehen gibt. Die bescheidenen Mauerreste sind ein nachdenklich stimmender Kontrast zu den stolzen Kirchen und Klöstern, durch die wir bisher gewandelt sind. Das vermittelt eine Ahnung von den mühsamen, unromantischen Zeiten nach der Unterwerfung der Sachsen und der Christianisierung. Die Fundamente der Klosterkirche werden auf das 11. Jahrhundert datiert. Hier stand ein winziger bäuerlicher Klosterhof. Möglicherweise, so fanden Archäo-Detektive heraus, wurde er von Bischof Adalbert von Bremenÿiftet. Der Grund: Er hatte größte Schwierigkeiten, Baumaterial für den Bremer Dom zu beschaffen. Mit der Klostergründung durfte er in den Rehburger Bergen den begehrten Sandstein abbauen und Kalk brennen. Da kümmerte es wenig, daß das Klösterchen in einer fremden Diözese lag und nicht die geringste Chance hatte, geistige oder wirtschaftliche Bedeutung zu erlangen ...

Rehburg - Nienburg über Ringwall und Hüttenmoor (alternativ: über Brokeloh, siehe übernächste Seite)

In Rehburg links nach Nienburg. Gegenüber vom Gasthaus "Zur Eiche" links ab in die "Düsselburger Straße". Du radelst durch einen seltsamen Vorort, der sich nicht entscheiden kann, ob er alt, altmodisch, schick oder rustikal sein will. Links in "Am Ringwall" einbiegen.

Ringwall Düsselburg

Die Sonne hängt schon wie ein roter Lampion im Westen, als ich den geschichtsträchtigen Ort erreiche. Die Stätte hat viel erlebt, wenn auch nichts, was im Geschichtsbuch nachzulesen wäre. Ein Gehöft kauert sich an die Düsselburg, die heute als Viehweide dient: ein ringförmiges Areal von gut 150 Metern Durchmesser. Stille liegt über dem Wall. Innen ein paar Kiefern und Birken, die den sonderbaren Eindruck eines runden Feldes noch unterstreichen, drumherum ein Kranz knorriger Eichen. Der "Radweg" hierher ist schon immer der strategische Zugang gewesen, denn sonst ist die Anlage ringsum geschützt: Der Meerbach und der Nordbach schirmen sie nach Norden, Westen und Süden ab. Als noch der Wachposten auf dem Wall patrouillierte, verbargen undurchdringlicher Moorwald und tückische Sümpfe den Zufluchtsort. Der Ausblick war wohl nicht so idyllisch wie heute abend, wo anstelle des Wächters ein Kaninchen die Wallkrone sichert. An einer Stelle kann man noch gut die Befestigungen Vorwall, Graben und Hauptwall unterscheiden.

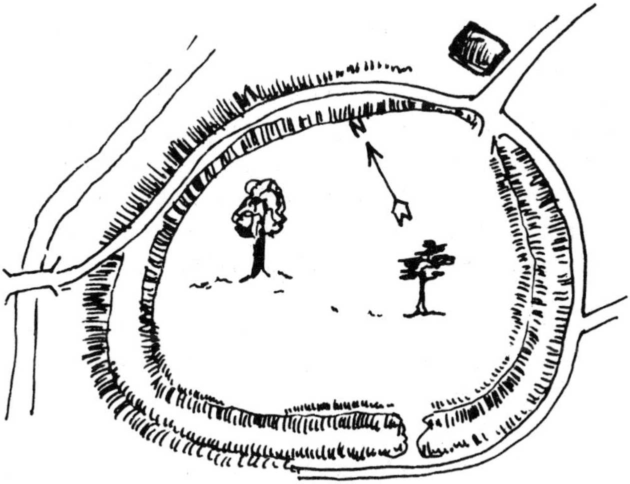

Ringwall Düsselburg

Als ich mich, von der Atmosphäre der Düsselburg verzaubert, in graue Vorzeit versetze, kommt mir Hermann Löns' "Wehrwolf" in den Sinn. Packend wird geschildert, wie sich die Bauern während des Dreißigjährigen Krieges in ihre Moorfestung flüchten. Doch das meiste Fundgut von hier ist viel älter, es stammt aus der Eisenzeit. Zuletzt wurde der Ringwall im frühen Mittelalter als Verteidigungsanlage genutzt - mit großer Wahrscheinlichkeit verschanzten sich hier halsstarrige Sachsen gegen die fränkischen Krieger Karls des Großen.

Um deinen Weg fortzusetzen, nimmst du den Sandweg rechts am Wall entlang und fährst hinter der Brücke rechts. Der All Terrain Biker kann sich zehn Minuten über den wüsten Feldweg freuen, bis er in die gepflasterte "Tour de Moor" übergeht.

Das Hüttenmoor ist eine stille Wiesenlandschaft. Rechts vom Weg, der einsam nach Norden zieht, sieht man noch die Abstichkanten aus der Zeit, als die Natur in kultiviertes Land verwandelt wurde. Der Moorwald liegt jetzt im Naturschutzgebiet, und seine borstigen Baumkronen rascheln: "Ganz habt ihr mich doch nicht untergekriegt..." Eine Weihe gaukelt mit langen Schwingen über die Wiesen. Weit hinten äst ein schwarzes Reh. Das stille Moor ist von Melancholie übersponnen. Es gibt dem Blick eine gewisse Weite, aber sie endet am Wald und an den Rehburger Bergen, deren Konturen sich im Abendlicht violett färben. Nach dem Meerbach überquerst du den Bärenfallgraben, ein schweigendes torfbraunes Gewässer mit toten, schnurgeraden Ufern. Jetzt tauchst du in den Wald ein und stößt bald darauf auf den Jägerhof. (Essen und Übernachtung).

Einfachster Weg weiter ab Jägerhof: von hier rechtsabbiegend direkt nach Landesbergen. Interessanter: geradeaus auf das Kraftwerk zu.

Vor dir die kalte Kathedrale der Technik. Riesenhafte Schlote mit roten Lichtergürteln. Wenn du den Wald hinter dir und die Bundesstraße vor dir hast, hol den Fotoapparat heraus und halte fest, was ich zu fotografieren versäumte: die alte Fachwerkscheune, die hilflos geduckt unter dem alptraumhaften Stahlnetz der Hochspannungsleitungen hockt ...

Rechts geht es nach Landesbergen, ab da kannst du den Fahrradweg entlang der B 215 nutzen. Nur einmal, hinter Estorf, lehnt sich die Straße an die Weser. Von Landesbergen sind es 10 Kilometer nach Nienburg.

Alternative: Rehburg - Brokeloh - Landesbergen

Bei dieser Route sparst du dir die Düsselburg und kreuzt nur kurz die Hüttenmoorwiesen. Dafür kannst du von der Straße einen flüchtigen Blick aufs wilde, nasse Moor werfen und ein wunderschönes altes Moordorf durchqueren.

In Rehburg biegst du links nach Nienburg. Öde Rennstrecke ohne Radweg - Vorsicht! Links das Naturschutzgebiet Hüttenmoor, in das viele Schneisen hineinführen. Mit MTB solltest du nicht zögern, die Stollenreifen mit weichem Boden zu füttern. Aber bitte bleib auf den Schneisen. Nach fünf Kilometern überquert die Straße einen Bach und macht einen leichten Rechtsknick. Hier links ab. Es geht einen Hügel hoch, an einem riesigen Findling vorbei (in Wirklichkeit ein verzauberter Troll) und runter nach Brokeloh. Eines der schönsten kleinen Dörfer, die ich auf der ganzen Reise gesehen habe. Im "Dreschhof" kann man übernachten. Im Ort immer links halten, so kommst du noch zu einer kurzen Fahrt durch die Wiesen des Hüttenmoors. Endpunkt dieser Alternativroute ist wieder der Jägerhof (siehe oben).

Schön flach und nervenberuhigend

Linkes Ufer: Schlüsselburg - Stolzenau - Liebenau - Nienburg

In Schlüsselburg fährst du links ab nach Stolzenau, durch die Talaue. Stolzenau ist ein öder Flecken, viel Kiesabbau, viel Militär, aber mit Campingplatz. Nach Durchquerung der Ortschaft (Straße parallel zur Weser) am Ortsausgang rechts (direkt hinter dem "Era"-Werk), dann nach einigen Hundert Metern links auf die Uferstraße.

Das Green-Grass-Country ist pottflach und wird beherrscht von den Überlandleitungen, die vom jenseits gelegenen Kraftwerk ins Weite knistern. Der bequeme Asphaltweg von hier bis Wellie ist eine Therapie besonderer Art: langweilig, aber nervenberuhigend. (Die Autostraße über Schinna und Anemolter ist schneller). Genau östlich von Wellie hat sich ein großer Altwasserarm der Weser erhalten, der Wellier Kolk. Wie sich denken läßt, ist sein Pflanzen- und Tierleben weitaus reicher als das des Flusses.

In Liebenau rechts ab (spätestens beim zweiten Wegweiser Richtung "Hochtief").

Hier beginnt ein idyllischer Weg zwischen den Windungen der Weser und dem Lauf der Großen Aue. Hohe Eichen stehen in den Wiesen. Im Westen ist der Geestrücken gesprenkelt von anmutigen kleinen Dörfern; der weiter entfernte Ostrand des Wesertals ist als dunkler Schatten nur zu erahnen. Bevor der Weg einen leichten Linksknick macht und die Große Aue kreuzt, stößt er unmittelbar an die Weser. Warum nicht einmal absteigen, auf den Deich klettern und Wasser sehen? Die Große Aue ist ein schönes Flüßchen, und es wäre sicher lohnend, ihren Lauf bis zur Quelle zur verfolgen.

Am Wege-T rechts. Wieder geht es dicht am Fluß entlang, der sich allerdings hinter dem Deich versteckt. Wieder ein Wege-T, wieder rechts: dies ist die Oyler Straße nach Nienburg. Schönes Fahren zwischen Bäumen und Sträuchern, vorbei an früheren Kiesseen mit reicher Vogelwelt. Bei der Weserbrücke von Nienburg endet der Weg, die Innenstadt liegt gleich auf der anderen Seite.

Nienburg, Stadt der Änderungsschneider

Selbstverständlich kann man sie auch anders bezeichnen. Tatsache ist, daß es hier fast genausoviel Nadelkünstler wie Straßen gibt. Das

Nienburg, Rathaus

finde ich persönlich weit angenehmer als die auffallende Militärbelastung der Stadt. Olivgrün überall. Ein Etablissement namens "Klamotte" wirbt: "Weinbrand/Cola nur eine Mark", das sagt mehr als die Ansprache eines Bürgermeisters. Gar nicht übel ist die restaurierte Fachwerk-City für Fußgänger, die zwischen Münden-museal und Hameln-mondän liegt. Eine Eisbar und Kneipe nach der anderen. Beim Bummeln nicht erschrecken, wenn plötzlich ein Glockenspiel erbarmungslos das Lied "Ich bin die kleine Nienburgerin" herunterblechert. Falls du historisch interessiert bist, besuch einmal die freundlichen Leute im Stadtarchiv (Leinstraße 7). Sie geben dir gern einen Tip, wo es abseits der gängigen Touri-Ziele etwas zu sehen gibt.

Unterkunft allerdings teuer bis auf "Gasthof Witte" (DM 40.-).

Frei- und Hallenbad: Mindener Landstraße 22

Geest und Marsch

Rechtes Ufer: Nienburg - Drakenburg - Haßbergen - Gandesbergen - Hoya
Linkes Ufer : Hoya - Hingste - Magelsen - Dahlhausen - Oiste - Intschede - Etelsen

Häßlich und laut sind die ersten fünf Kilometer nach Norden (B 215 mit Radweg). Drakenburg bleibt links liegen. In Rohrsen gönnten wir uns einen Seitensprung zum Ortsrand, um zu sehen, ob es die Weser noch gibt (ein Tatmotiv, das während der folgenden Stationen häufiger auftauchen sollte). Haßbergen macht deutlich, warum man sich immer gern am Geestrand ansiedelte, den Strom vor Augen: Hier lohnt es sich, Kies aus der Erde zu wühlen und Windmühlen zu errichten. Der Blick von den Flugsanddünen fällt auf eine Landschaft, die einen nicht gerade in Staunen versetzt, aber durch ihre Weite harmonisch wirkt. Das breite Wesertal ist mit einem zarten Filigran aus Baumgruppen und kurzen Pappelreihen überzogen. Das Licht der niedrig stehenden Herbstsonne fängt sich in ihren Zweigen. Einmal mehr finde ich bestätigt, daß den besonderen Charakter der Weser der ganze Flußlauf ausmacht und nicht nur das vielgerühmte Weserbergland ...

In Gandesbergen letzte Straße links, danach rechts. Dies ist die Abkürzung (über Mahlen, Hirtenhaus, Alhusen) nach Hoya, im Zickzack durch die Wiesen. Zur Freude der Eystruper Sonntagsspaziergänger fein betoniert - trotzdem recht schön und gut zu rollen... An der großen Straße wendest du dich nach links.

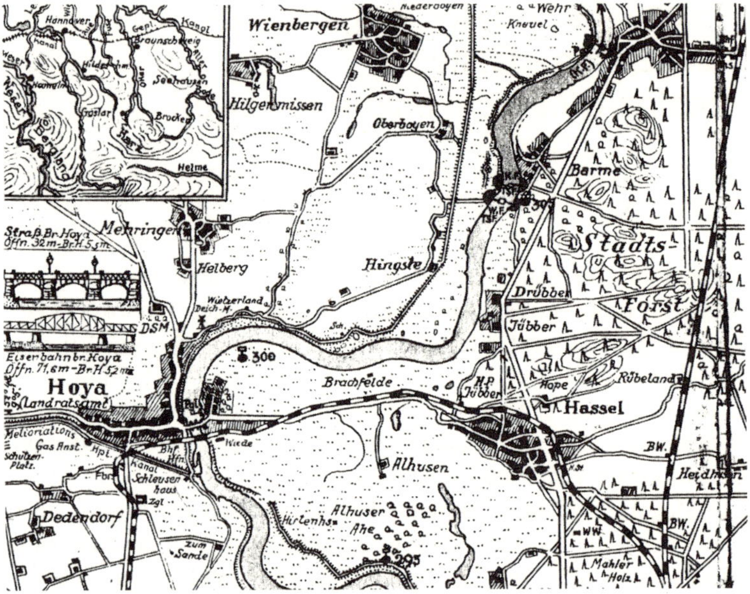

Ausschnitt aus einer alten Flußkarte

In Hoya ergötzten sich die Stadtherren nicht nur am schönen Ausblick. Seit 1335 nutzten sie die strategisch günstige Lage, um den vorbeiziehenden Weserschiffen Zoll abzuknöpfen. Damit waren sie nur eine von 23 Zollstätten, an denen sich die Schiffer die Weiterfahrt erkaufen mußten. Im Geldbeutel lagen jede Menge verschiedener Münzen beieinander, denn die Währungen wechselten oft von einem Ort zum nächsten. Erst mit der Weserschiffahrtsakte von 1824 (kein Stapelrecht mehr, uneingeschränkte Schiffahrtsfreiheit auf der Weser) wurde die Beutelschneiderei eingeschränkt. Nun wurde zwischen Bremen und Münden nur noch neunmal zur Kasse gebeten: Gieselwerder, Beverungen, Holzminden, Hameln, Rinteln, Erder, Minden, Dreye, Bremen. 1865 gehörten die Weserzölle endgültig der Vergangenheit an.

Linkes Ufer: Hoya - Hingste - Magelsen - Dahlhausen - Oiste (rechtes Ufer nicht empfehlenswert)

Hinter Hoya beim Schild "Gewerbegebiet Hoya-Nord/Hingste" rechts ab

Bequem in den Sattel setzen, mittlerer Gang und: roll away, roll away, roll away...(zu singen nach der Melodie von "Orinoko Flow"). Dies ist eine ruhige Dörfertour über Hingste, Oberboyen, Wienbergen. Nach zehn Kilometern kommst du bei einer Windmühle wieder an die Chaussee. Eine gute Gelegenheit, um den Alveser See anzuschauen. Es ist ein malerischer, sehr alter Totarm der Weser, der etwa drei Kilometer vom Fluß entfernt liegt.

In Magelsen fallen die schönen Fachwerkhäuser ins Auge - laß sie fallen, mach die schnelle Sause gen Dahlhausen. Von der Landstraße geht es rechts ab in den Ort hinein. Das Dorf sieht aus, als hätte ein Riese eine Handvoll Ziegelwürfel zusammengeschüttet. Wirkt aber dabei romantisch wie ein Pieter-Breughel-Gemälde. In Dahlhausen links; der Feldweg folgt dem Sommerdeich. So bleibst du zwar dicht an der Weser, siehst aber nichts von ihr (es sei denn, du kletterst mal die Böschung hoch ...) Hinter dem Deich gleiten die Masten eines Weserkahns vorbei, kaum hörbar klingt der Pulsschlag des Schiffsdiesels.

Das erste Gebäude von Oiste schien uns wie ein Bild aus einem Märchenbuch. Wo das Dorf endet und die Wiesen beginnen, liegt hinter einer Ziegelmauer und einem rostenden Eisengitter ein behäbiger Bauernhof. Selbstzufrieden ruht er aus wie ein alter Bauer, der am Feierabend die Beine ausstreckt und die Hände in den Schoß legt. Ein Storchennest ist auch da und ein verwitterter Fachwerkspieker - eines jener alten Vorratshäuser mit enggeschachteltem Balkenwerk. Wir fanden, daß allein der Anblick dieses Anwesens den Abstecher gelohnt hatte ...

Hinter Oiste stößt du auf die Straße Verden-Blender. Hier ein paar Meter rechts und gleich wieder links.

Oiste - Intschede - Etelsen

Über Amedorf und Reer führt dich die Straße durch eine grüne Ebene. Die älteren Höfe stehen noch auf Wurten, geschützt gegen Hochwasser, nachfolgende Generationen schienen den Deichen mehr zuzutrauen. Die Elsternester in den Pappeln, die Schafe auf den Wiesen, die zerzausten Köpfe der Weidenbäume - wo immer ich ein solches Stück Norddeutschland vor Augen habe, denke ich, daß selbst Bergvölker wie Bayern oder Schweizer von unserer weiten Landschaft berührt sein müßten.

Wahrscheinlich gehörst du auch zu jenen Naturfreunden, die sich ärgern über die Betonierung der Landschaft, über die Umwandlung von idyllischen Feldwegen in glatte Rennstrecken. Auf solchen Nebenstrecken aber weiß man den Asphalt zu schätzen. Kein Auto weit und breit, mit großer Geste weist die kleine Straße in die Ebene. Freihändig gondelst du auf den immer jungen Horizont zu... Wie sprach der Dichter:

> *"... fliegt dann der Radmann auf seinem blinkenden Stahlroß dahin, dann fühlt er sich frei wie der Vogel in der Luft, er ist Herr seiner Zeit, er kann fahren wohin und bleiben wo es ihm beliebt" (Aus einem alten Fahrradreisebuch mit dem Titel "The Art and Pastime of Cycling").*

In Intschede kannst du einen weiteren Fachwerkspieker bewundern (gegenüber der Kirche). Hinter dem Ort grüßt endlich wieder der Fluß. Breit und ahnungslos findet er sein Bett von einem riesigen Kraftwerk versperrt. An die Arbeit, Weser! Oberhalb des Wehrs geht sie mächtig in die Breite, hält polternd die Generatoren in Schwung und fließt dann gleichmütig weiter, als wäre nichts geschehen. Kaum hast du die Brücke hinter dir, stößt du auf den Schleusenkanal, den Stiefbruder des Flusses.

Weserbrücke von Intschede überqueren, vor der darauffolgenden Kanalbrücke links ab

Ufer wie mit dem Lineal gezogen, ein seelenloses Wasserbett. Um so schöner ist jedoch der Blick von den Marschwiesen mit ihren Dornenhecken hinüber zum Geesthang von Daverden. Wenn du Ausblikke auf bewaldete, mit Spielzeugdörfern verzierte Geestrücken zu schätzen weißt, wirst du mir zustimmen: Entlang der ganzen Weser ist dies der schönste! Besonders im Frühjahr oder Herbst, wenn die Singschwäne in den Uferwiesen rasten.

Höckerschwäne

Radler, kommst du nach Bre...

Rechtes Ufer: Etelsen - Achim - Bremen

Hart am Geesthang
Der Weg nördlich des Schleusenkanals ist zu Ende (ein paar Meter vorher liegt linkerhand der Campingplatz). Rechts geht es hoch nach Etelsen, von wo du in wenigen Minuten nach Baden, Uesen und Achim gelangst. Empfehlenswert ist jedoch der Weg in Wassernähe: über den Schleusenkanal rüber und gleich links, also jetzt südlich des Kanals weiter. Über einen Bach, die Alte Aller, und den Badener Berg hinauf. Von der Hauptstraße (Langwedel-Achim) gehst du gleich am nächsten Abzweig wieder links runter und kannst nun immer am äußersten Nordrand der Ortschaft langpedalen: Baden, Uesen, Achim, Bierden. Streckenweise führt der Weg auf dem Deich entlang.

Rechtes Ufer: Bremen (alternativ: Linkes Ufer, südliche Umgehung von Bremen über Thedinghausen, Obervieland, Neustadt - nicht empfehlenswert!)

Zum letztenmal hat man hier jene durch die Begegnung von Marsch und Geest geprägte "Zwischenlandschaft" vor Augen. Sie ruft noch eine ferne Erinnerung wach an das Weserbergland und weist gleichzeitig schon ins weite, brettflache Marschenland der Unterweser.

Zwischen Achim-Bierden und Bremen erwischst du noch eine schöne Strecke. Der Weg ist nicht zu verfehlen, solange du dich entweder auf dem Deich oder unmittelbar rechts davon hältst.

Krähen und Reiher

Rechts liegt die Wasserburg (heute Jugendhof) Clüverswerder in den Wiesen. Radelst du auf der Deichkrone dem Adelsnest entgegen, so geht der Blick auch zum Westufer mit seinen schneeweißen Sandbuchten. Sehnsucht kommt auf nach den schönen Zeiten, als man dort noch baden konnte... Clüverswerder selbst ist recht unattraktiv, aber die einsame Lage verleiht dem Anwesen ein romantisches Flair. Der Burgteich ist von alten Erlen und würdigen Eichen umstanden, Bläßhühner ziehen geschäftig nickend über sein schwarzes Wasser hin. Das Interessanteste ist das Inselchen mit den Bäumen voll großer Nester: Hier haben wir eine der letzten Reiher- und Saatkrähenkolonien. Nun ist auch klar, woher das fortwährende Gequarre stammt, das dir schon seit Bierden in den Ohren geklungen hat. Über die Krähen, erkennbar an ihrem metallisch-violett schimmernden Federkleid und dem kahlen Schnabelansatz der Alttiere, schrieb Brehm:

> *"... man hört ihre rauhen Stimmen von Anbruch des Tages bis in die finstere Nacht hinein ununterbrochen fortdauern, und dies fatale Geschrei greift die Gehörnerven derart an, daß man oft schon meilenweit von den Krähenkolonien entfernt, immer noch jene fatale Musik zu hören glaubt." Abgesehen davon sind sie nützliche Schädlingsvertilger.*

Hinter Bollen geht es wie gehabt mal auf, mal neben dem Deich am Naturschutzgebiet entlang, bis du die Autobahn erreichst und darunter durchfährst. Vor dir liegt Bremen und wartet darauf, von dir entdeckt zu werden. Den Weg in die Innenstadt muß ich nicht lange beschreiben; es ist der Radweg am rechten Weserufer.

Bremen im dritten Gang

Viertel - Schnoor - Zentrum

Im Rahmen dieses Buches muß das Programm für die Hansestadt äußerst gerafft ausfallen. Ich werde versuchen, dich im Crashkurs zu einigen Punkten zu führen, die mir charakteristisch erscheinen. Es wird dir dabei schnell auffallen, daß es hier um die Pedalpolitik nicht schlecht bestellt ist. Schließlich hat der Allgemeine Deutsche Fahrrad-Club sein Hauptquartier in Bremen.

Locker am Weserufer ("Osterdeich") in Richtung Stadtmitte. Hinter dem Weserstadion rechts ab in "Sielwall".

Das Viertel

Nicht ohne Grund hat das "Ostertorviertel" im Volksmund den Kurznamen mit Absolutheitsanspruch erhalten. Zum Eingewöhnen schlage ich vor, den Sielwall langsam hochzufahren. An der Kreuzung - links "Ostertorsteinweg", rechts "Vor dem Steintor" - ruhig weitertreten, die Punkies an der Ecke tun keinem Radfahrer was. Hinter der Kreuzung bist du nun auf dem "Dobben" und kannst, wenn du Lust hast, den netten Leuten vom ADFC einen Besuch abstatten. Sonst biegst du links ab ("Auf den Häfen"). Hier verbirgt sich ein bemerkenswerter Innenhof, verwirrenderweise "In den Höfen" genannt. In beinah südlichem Ambiente (und das will für Bremer schon etwas heißen) findest du Restaurants, Designstudios und ausgefreakte Läden, darunter einen Fahrradladen. Hältst du dich jetzt links, lernst du in den engen Straßen gleich jene typischen "Bremer Häuser" kennen, schmalbrüstig und trotzdem geräumig. Ein Haustyp, der sich bei den

Quirlendes Leben im "Viertel"

unterschiedlichsten Gruppen ungebrochener Beliebtheit erfreut. Wenn du auch nur annähernd die Richtung beibehältst, stößt du jetzt auf die Lebensachse des Viertels, den schon erwähnten Ostertorsteinweg. Hier bist du mit beiden Rädern im prallen Leben. Die besten Kinos, die meisten Szenekneipen, die gesprächigsten Outlaws ("Has' ma ne Maak, Alter!!", "Paß auf du Penner" sind noch harmlosen Begrüßungen). Hier kannst du Top-Mode kaufen, hier sammeln Eltern die gebrauchten Fixerspritzen aus der Sandkiste, Kebab neben 50er-Jahre-Antiquitäten, Ökoladen und Prostitution. Im "Engel", einer ehemaligen Apotheke und inzwischen beinah-bürgerlichen Kneipe, treffen Yuppies, Flippies, Oldies und Bourgies aufeinander. Zur Innenstadt hin jetzt noch die Kulturecke mit Schauspielhaus, Theater am Goetheplatz, Gerhard-Marcks-Haus und Kunsthalle. Eine amerikanische Touristin faßte alles in eine Formel: "Little San Francisco".

Schnoor

Nur wenige Straßen weiter holperst du durch Bremens Vorzeigeviertel. Der kleinbürgerliche "Schnoor" war das Revier der Handwerker und Weserfischer. Seine verwinkelten Häuser und lauschigen Hinterhöfe stammen aus dem 16. bis 19. Jahrhundert. In Straßen mit Namen wie "Marterburg", "Wüste Stätte", "Hinter der Holzpforte" haben sich heute Gastronomie und Kunsthandwerk, Theater und Schickimicki eingenistet. Ein reizvolle Ecke, etwas museal. In meinen Augen kann man den Schnoor erst richtig würdigen, wenn man auch das Ostertor kennt.

Der Schnoor, Bremens Vorzeigeviertel

Die gute Stube: Alles auf einem Punkt

Bis zum Nabel der Stadt sind es nur ein paar Fahrradlängen. Roland und Dom, Rathaus und Schütting - mehr muß man nach Meinung einiger Einheimischer gar nicht gesehen haben. Alles liegt nur wenige Meter auseinander. Schließen wir das Rad an und betreten den Dom. Selbst wer sich nicht sonderlich für den Dom interessiert, wird die besondere Atmosphäre spüren, die von der großen Kirche ausgeht. Das frühere Erzbistum war weit mehr als ein religiöser Stützpunkt. Karl der Große sah in Bremen ein Bollwerk im Land der Heiden, das Zentrum der Mission im Norden. Vielleicht liegt darin eine Ursache für die Arroganz und Machtgier vieler Bremer Erzbischöfe. Ihren "Schafen" gegenüber waren sie zeitweise mehr Wölfe statt als Hirten. Doch davon mehr im folgenden Kapitel.

Selbst, wenn die Zeit knapp ist, lohnt sich der Aufstieg auf den Kirchturm (geöffnet ab Mai). Mit dem Stadtpanorama aus der Vogelperspektive hast du nun schon weit mehr von Bremen mitgekriegt als die meisten Kurzzeit-Touries.

Wieder auf dem Domplatz, zieht uns der Roland in seinen Bann. Der bald zehn Meter hohe Recke schaut herausfordernd und selbstsicher zum Dom hinüber. Nichts könnte den Freiheitswillen der Bürger gegenüber den Erzbischöfen besser symbolisieren als dieser Blick. Schild und Schwert sind Attribute, die Bremens Privilegien verkörpern und zugleich schützen. Roland hat zwei Brüder in Westdeutschland und 13 weitere in der DDR. Seine wirkliche Bedeutung liegt immer noch im Dunkel der Geschichte. Markgraf Roland war ein Neffe Karls des Großen, der sein Leben in Spanien ließ. Das Rolandslied besingt seinen einsamen Untergang, treu seinem Kaiser und seinem Glauben. Aber warum nannte man ein paar hundert Jahre später jene Figuren ausgerechnet nach diesem Helden? Jüngste Untersuchungen interpretieren die Roland-Statuen als Heiligenbilder, die ursprünglich den Mohren Mauritius darstellen sollten und später mit der Idealfigur des Helden Roland verschmolzen. Zu allem Rätselraten schweigt der Ritter. Auf seinen Zügen scheint ein feines Lächeln zu liegen. Er ist zufrieden, daß man ihm endlich jene Grundsteinkassette

Der Roland von Bremen

entfernt hat, in der ein Bündel schwülstiger Nazipropaganda schon lange für Unbehagen gesorgt hatte.

Wie der Roland behauptet sich auch das Rathaus demonstrativ gegenüber dem Dom. In seiner heutigen Baugestalt weist es typische Merkmale der Weserrenaissance auf. Der Laubengang öffnet das Regierungsgebäude zur Marktseite hin. Das galt früher sogar im wörtlichen Sinn, wenn in der unteren Halle Markt abgehalten wurde, Bürgerversammlungen tagten oder Theateraufführungen stattfanden. Die Güldenkammer" im ersten Stock trägt die Handschrift Heinrich Vogelers: reiner Jugendstil mit einem Hauch Worpswede.

Das dritte Symbolgebäude der Hanseaten ist der Schütting, früheres Gildehaus der Kaufmannschaft und heute Sitz der Handelskammer. Wenn du dir das pompöse Schnörkelportal wegdenkst, hast du ein feingegliedertes Musterexemplar der Weserrenaissance vor dir. Am Portal prangt das Grundsatzprogramm der Bremer Pfeffersäcke: "Buten un Binnen, Wagen un Winnen". Kürzer kann man die Art der Weserkaufleute nicht charakterisieren.

Zwischen Schütting und Roland, Dom und Rathaus herrscht eine latente Spannung. Eins hat mit dem anderen zu tun, jedes ist das stolze Symbol einer bestimmten Bevölkerungsgruppe. Sie brauchen einander, sind sich aber nicht unbedingt wohlgesonnen. Alle scheinen sich gegenseitig zuzurufen: "Vergeßt nicht, Freunde, in Wirklichkeit haben wir das Sagen".

Weitere Ausflüge in Bremen überlasse ich deinen eigenen Einfällen. Zur Fortsetzung der Reise fährst du einfach zur Weser runter und steuerst die nächste Brücke an.

!

Fahrradstation am Hauptbahnhof
Tel. 30 21 14
Geöffnet von 9-17 Uhr

ADFC
Am Dobben 91
Tel. 70 34 10

Rathaus und Marktplatz, die "gute Stube" der Stadt

Am Deich bis zum Meer

Linkes Ufer: Bremen - Hasenbüren - Lemwerder - Berne - Elsfleth - Brake - Rodenkirchen - Fähre Kleinensiel - Bremerhaven

In Bremen überquerst du die Weser entweder auf der Wilhelm-Kaisen- oder der Bürgermeister-Smidt-Brücke. Ganz durchfahren; bei der unübersehbar großen Kreuzung mit der Neuenlander Heerstraße rechts. Immer geradeaus zum Hafengelände. Um nicht beim Zoll hängenzubleiben oder dich zwischen Containern zu verfahren, hältst du dich streng an die Senator-Apelt-Straße nach Seehausen. Fahrradwegweiser beachten!

Niedervieland

Links die Marsch mit kleinen Kolken, schilfumsäumten Tümpeln - rechts von dir die Industrie mit ihren Kränen und Gerüsten. Eine verrückte Szenerie und kein vergnügliches Fahren, besonders, wenn der Wind über die freie Fläche saust. In Seehausen geht es nach links, vorbei an den Betoneiern der Kläranlage. Wenn es nicht zu doll weht, fahr auf dem Deich weiter. Allerdings siehst du dann auch nichts weiter als die Landmarken der technischen Zivilisation hinter einem schnurgeraden Weserufer. Für leibliches Wohl ist hier gut gesorgt: "Hasenbürener Krug" (Hotel), "Weser Utkiek" mit verglaster Sicht aufs Wasser. Am besten aber hältst du noch einen Moment durch, es wird noch besser!

Rechts ab in "Am Glockenstein", eine Holperstraße mit kleinen Häusern wie aus Großvaters Zeiten. Und hier, direkt an der Fährstelle, eine gemütliche, bescheidene Kneipe am Wasser: "Fährhaus Wessels". Bevor "Am Glokkenstein" wieder zur Hasenbürener Landstraße stößt, rechts ab auf den Deich. Faustregel: immer rechts halten, möglichst dicht am Flußufer.

Im Landesinneren dehnt sich das Naturschutzgebiet Niedervieland aus. Der Titel muß aber noch nichts besagen, denn der Bremer Senat schmiedet seit langem Pläne, auch diese riesige Fläche umzuwandeln: Stichwort "Technologiepark", klingt wenigstens so ähnlich wie "Naturschutzpark". Am Yachthafen vorbei steuerst du aufs Ochtum-Sperrwerk zu, wohin übrigens kein Auto dir folgen kann. Wohl aber Reiher, Möwen und Kiebitze. Ein Blick zurück: Drüben streckt der rostige Riese Klöckner seine eisernen Gliedmaßen aus. Die Klöcknerhütte galt lange als der kapitalste Umweltverschmutzer Bremens, und zwar weniger durch die Schadstoff-Konzentrationen als durch den Umfang ihrer Abwässer. Der Abwasserbericht von 1984 erwähnte beinahe eine Million Kubikmeter Schmutzwasser pro Tag. Inzwischen hat man sich bei Klöckner biologischen Reinigungsverfahren zugewandt (Schilffelder). Es ist zu hoffen, daß auch die vielen Öllecks gestopft wurden - Greenpeace hatte seinerzeit zahlreiche Pannen beobachtet.

Auf der anderen Seite der Ochtum nicht weiter am Deich (Flughafengelände), sondern auf die Straße (Teklenburg, Deichhausen). Dort kannst du den angezeigten Deichwanderweg getrost vergessen, er ist nur sehr kurz. Lemwerder ist ein Ort mit dem Motto, "Freier Neubau für alle". Nichts wie weg, nämlich vor der Fähre links ab nach Ritzenbüttel/Motzen - aber halt: Nimm die alte Straße hinterm Deich, sie ist romantischer, gewunden wie eine Ringelnatter und ruhiger (wenn auch langsamer) zu fahren.

Immer dieser Deich!

Die bescheidenen alten Häuser versöhnten mich mit der Tatsache, den Weserblick durch einen Deich versperrt zu kriegen. An diesen Zustand mußte ich mich erst einmal gewöhnen, schließlich bleibt es bis zur Wesermündung so. Deshalb konzentrierte ich mich auf die Marsch, auf die Häuser und Menschen und auf die Schafe mit ihren Osterlämmern. Und alle Naslang siegte meine Neugierde, und ich kletterte den Deich hoch, um den Wind in den Haaren zu spüren.

Klöckner, rostiger Riese am Fluß

Wo ik herkam,
is dat Land so free un wiet,
wass dat Gras un bleuht de Klee,
ruckt de Luft na Solt un See,
blänkert Water, ruschelt Reith,
jagt de Wulken, Wind de weiht,
wo ik herkam.

Helmut Debus, "plattdeutscher" Liedermacher, hat das Gedicht von Alma Rogge wunderbar vertont.

Hinter Motzen, wo ein intim schmaler Radweg zwischen Deich und Häusern verläuft, sieht es erst etwas langweilig aus - bis du auf die winzige Schifferkirche von Warfleth stößt. Im Laufe der Zeit hat man den Deich immer dichter herangerückt, und nun drängen sich beide aneinander. Mit leisem Protestquietschen macht die Wetterfahne auf sich aufmerksam. "Halt an, komm her! Diese Kirche steht immer offen!" Die großen roten Ziegelsteine im "Klosterformat" haben ihre eigene Faszination. Als Ton aus der Erde gegraben, Stück für Stück geformt und im Feuer des Brennofens zu Steinen gebacken, sprechen sie eine ganz andere Sprache als die gewachsenen, runden Granitbrocken der Feldsteinkirchen. Innen ist die Kirche ungefähr so, wie man sie sich von außen vorstellt. Und wenn auch das schöne Schiffsmodell und das Steuerrad aus jüngerer Zeit stammen - sie passen hinein. Drinnen liegt ein Heftchen aus für drei Mark. Furchtbar trocken geschrieben, der Autor muß ein Wüstenbewohner sein.

Blutvergießen im Namen der Kirche: der Kreuzzug ins Stehdinger Land

Nach einer alten Überlieferung soll man 1234 in Warfleth ein Massengrab ausgehoben haben. Ein schlichter gußeiserner Obelisk an der Landstraße zwischen Deichhausen und Altenesch erinnert an dieses schwarze Kapitel der Kirchengeschichte.

Die überaus machtbewußten Bremer Erzbischöfe hatten sich immer schwergetan, die stolzen Friesen zu respektieren. Auch Burgvögte und der Landadel versuchten, die Marschbauern unter dem Daumen zu halten. Als die Stehdinger ihre Wut lange genug in sich hineingefressen hatten, kam es 1159 endlich zum Aufstand. Die Zwingburgen fielen und ganz Stehdingen auf beiden Ufern der Weser wurde zur freien Republik erklärt. Ein ganzes Jahrhundert konnten die Friesen sich behaupten. Dabei spielte die günstige Lage eine entscheidende Rolle, denn wo wir lässig herangeradelt sind, blieben die Bremer Soldaten oft schon in Sumpf und Moor stecken.

1230 fiel der Bremer Erzbischof, zusammen mit zwei verbündeten Heeren, am 24. Dezember in die Marschen ein, um mit den Freiheiten der Bauern aufzuräumen. Eine makabre Weihnachtsüberraschung. Doch die Friesen siegten. Die Rache kam vier Jahre später. Der Papst hatte, auf Betreiben seiner christlichen Diener in Bremen, zum Kreuzzug an die Weser aufgerufen. Der Heilige Krieg lockte: Vergebung aller Sünden, reiche Beute an Korn, Vieh und Land waren die Erwartungen, mit denen sich angeblich etliche tausend Männer unter dem blutroten Kreuz sammelten. Erinnerst du dich noch an die feierliche Stimmung im Bremer Dom? Dort hielt der Erzbischof ein feierliches Hochamt, segnete die Waffen, predigte den Krieg. 1234 schlug das "Kreuzritterheer" eine Brücke über die Ochtum und griff am Morgen unter den Gesängen der Mönche an. Als der Abend hereinbrach, war die Stehdinger Bauernschaft nahezu ausgelöscht. Die Toten, so sagt die Überlieferung, habe man hier in der Nähe zusammen begraben ...

Gleich hinter der Kirche kannst du auf den Deich hinauf und hast freie Sicht über das Naturschutzgebiet "Warflether Arm", einen urwüchsigen Flecken Stromland mit ausgedehnten Schilfdschungeln - einer der letzten großen Röhrichtbestände an der Weser, dazu ein Rückzugsgebiet des seltenen Silbergrases. Zwar führt hier ein MTB-tauglicher Weg vor dem Deich entlang, doch ist es besser, der geplagten Vogelwelt ihren Frieden zu lassen. Die Wege durch das Refugium sind für Radfahrer frei, dürfen aber nicht verlassen werden. Später gibt es mehr Gelegenheit, die einsamen "Sande" und "Platen" im Weserstrom zu betreten. Die Inseln sind teils bewohnt, teils Wildnis. Ebbe und Flut reiben sich an ihren Ufern und verändern unmerklich ihre Konturen.

Der nächste Campingplatz befindet sich bei der Fähre Farge, in Rantzenbüttel rechts. Wir lassen uns nicht vom Sackgassenschild schrecken und kurbeln weiter geradeaus nach Ohrt. Auch an dieser einsamen Strecke gleich mal auf den Deich hoch zur Schaftrift: schöne Aussicht über die röhrichtumstandenen Nebenarme des Flusses. Und mit dem MTB kannst du ein Stück den Treckerspuren folgen und mit schäumender Bugwelle durch die Furt fahren! Wo die Straße in Orth abknickt, rechts über den Deich auf den Elsflether Sand.

Ein traumhafter Flecken mit einsamen weißen Sandstränden (je nach Jahreszeit!). Wie bitter ist es, nicht in der Weser baden zu können. Einige tun's doch... Über das imposante Huntesperrwerk kommt man wieder ans offizielle Ufer. Zieht es dich zum Essen oder Übernachten in eine Ortschaft, fahr ein Stück zurück nach Elsfleth. Ein gemütlich-altmodisches Städtchen, besonders in dem zum Wasser hin gelegenen Viertel. Und erstmal der Bahnhof - so was hab ich noch nicht gesehen. Da rumpelt verschlafen der Marschenexpreß heran, und wer aus Versehen auf der falschen Seite aussteigt, ist gleich an Bord eines Frachters oder im Schilf. Ich mag Elsfleth! (Aber es ist doch zum K..., auf diesen Schienen rollen auch die berüchtigten Munitionstransporte der US Army von Nordenham. Den Hinweis verdanke ich den Autoren Mayr/Beyer, siehe Literaturliste).

Weiter am Deich nach Oberhammelwarden bis zum Wegweiser nach Sandfeld, hier jedoch rechts an den Strand, zum Gucken.

Als ich mich mit gebührendem Abstand von der Strandgaststätte in den Sand setzte, verliebte ich mich in die gegenüberliegende Idylle. Jenseits der braunen Weserfluten ducken sich kleine Häuser hinter weißen Sand, zeichnet sich das lebendige Muster der Uferbäume gegen den frischen blauen Himmel ab. Das kleine Paradies ist der Harrier Sand. Nichts wie hin.

Abstecher Brake - Harrier Sand und zurück

Warum soll ich Orten gegenüber neutral bleiben? Der Brake ist weit nüchterner und kühler als die schöne Elsfleth, deshalb fällt es nicht schwer, gleich die Fähre aufzusuchen (Anleger etwa auf Höhe Ortsmitte). Wenn dir die Wartezeit lang wird, schau solange ins Schifffahrtsmuseum. Es ist in dem stimmungsvollen früheren Telegraphen-

Einsamkeit mitten im Fluß: Harrier Sand

haus untergebracht, gleich hier neben dem Schlepperanleger, und leicht zu finden. Die Fähre legt drüben am "Strandbad" an - und du kannst die Piste zehn Kilometer nach Süden runtertouren, um dir irgendwo ein einsames Plätzchen zu suchen. Denselben Weg, auch per Fähre, geht es wieder zurück. Man könnte hier auch am rechten Ufer weiterfahren, aber die Straßen dort trödeln weitläufig in allen Himmelsrichtungen herum und sind weit ab vom Wasser.

Schiffahrtsmuseum Brake
geöffnet Di-Sa 10-12, 14-17 Uhr
So 10-17 Uhr

Brake - Sürwürden - Rodenkirchen

Ein langer Jammer mit wenig Zerstreuung: Die Marschen zeigen, wie flach sie sein können. Der Deich paßt auf, daß die Weser nicht aufs Land schwappt. Immer diese grüne Kante zur Seite! Gibt es einen Deichkoller?

Wie lange existieren Deiche? Aus dem ersten Jahrhundert nach Christus sind Wurten überliefert, Erdhügel, auf denen die Häuser errichtet wurde. Wahrscheinlich im Mittelalter fing man an, die Wurten einzelner Höfe mit Dämmen zu verbinden. Der organisierte Deichbau fing vor gut 1000 Jahren an - und seitdem hat man hier den Blick nicht mehr aufs Wasser, sondern auf die grüne Kante.

In Rodenkirchen wird dir vielleicht nur der Bahnhof auffallen, der aussieht wie aus einem Spielzeugkasten. Das unscheinbare Dorf hat aber mehr zu bieten, nämlich die auf einer Wurt gelegene Kirche. Im Innern sind zwei berühmte Schnitzwerke (Altar und Kanzel) des Ludwig Münsterman zu bewundern. 1629 bis 1631 arbeitete der Künstler an dem Figurenschmuck. Sein Auftraggeber war der berühmte Graf An-ton Günther von Oldenburg, der sich zum Ziel gesetzt hatte, die Kirchengebäude nach dem künstlerischen Kahlschlag der Reformation wieder in lebendige Kultstätten zurückzuver-

Nostalgie im Hafen von Elsfleth

wandeln. In seinem Buch "Deutsche Plastik" sagt Georg Lill über den Bildhauer: "Führende Persönlichkeiten fehlen vollständig in dieser norddeutsch-protestantischen Kunst. Der einzige, der zum Individuellen wollte, Ludwig Münstermann von Hamburg, ist schließlich an kleinen Aufgaben erlahmt".

Hinter dem Ort geht es rechts ab zur Fähre und leider auch zum Wesermonster Nummer Vier. Von Festungszäunen umringt, brütet das AKW Esenshamm seine "Aktivitäten" aus. Nur gut, daß man am Ostufer die Rotoren zweier Windkraftwerke in der Sonne flirren sieht. Dank euch für das Zeichen, Freunde!

Wir verlassen hier das linke Ufer, um nicht nach Nordenham fahren zu müssen.

Fähre Kleinensiel-Dedesdorf: am rechten Ufer bis zum Ziel

In Dedesdorf hältst du dich gleich links (Wegweiser Overwarfe). Das letzte große Stück Natur, das du auf deiner Wesertour erleben kannst, ist die südlich gelegene Große Luneplate. Zwei Kilometer hinter der Fähre kannst du links abbiegen, um in einem großen Bogen das eintönige Marschengelände zu durchfahren. Viel zu sehen gibt es allerdings nicht, denn die Refugien der meisten Vögel liegen im Schilfgürtel vor dem Deich. Auch Bremerhaven streckt die Hände aus, um die unnütze Natur zugunsten des nützen Flughafens "Luneort" zu beschneiden. Das etwa 60 Hektar große Areal zwischen Fischereihafen und Weser, in dem jetzt noch Nachtigall und Rohrweihe, Blaukehlchen und Teichrohrsänger zu hause sind, soll größeren Vögeln als Landebahn dienen. Wer dagegen protestieren will, schreibe an Senator Kunick, 2800 Bremen 1, Rathaus.

Von der Deichkrone aus hat man die Weser vor Augen und bewundert die ferne Skyline von Nordenham. Aus dieser Perspektive ist die Stadt am schönsten. Wo die eintönige Straße sich teilt, heißt es scharf rechts abbiegen und den Wiesen und Möwen Adieu sagen. Über Lahnhausen steigst du in die letzte Etappe ein; noch sieben Kilometer bis Bremerhaven. Die Autostraße, anfangs noch mit Radweg, führt dich bis ans Ziel: immer nur geradeaus, bis das Schild "Schiffahrtsmuseum" den letzten Fingerzeig gibt.

Zwischen den arroganten Fassaden der Columbus-Hochhäuser und den Masten und Rahen der "Seuten Deern" gluckert das zahme, schmierige Hafenwasser. Hundert Meter entfernt wälzen sich die Weserwellen der Nordsee zu. Ein kleiner Schlepper kämpft sich mit gischtender Bugwelle in Richtung auf die offene See. Was könnten die Wellen erzählen, wenn sie die Spuren der Schiffe bewahren würden! Von hier aus sah man vor 1000 Jahren die roten Segel der Drachenschiffe über den Horizont wachsen. Die Wikinger jagten auf schlanken Kielen weseraufwärts, um Bremen zu plündern. Um 1400

Dicke Pötte auf der Unterweser

trieb sich der Held unserer Kindheitsträume, Klaus Störtebeker, in der Wesermündung herum und lehrte die hanseatischen Pfeffersäcke das Beten. Selbst algerische Kaperschiffe tauchten 1687 beutehungrig vor Bremerhaven auf und ließen sich erst durch die Breitseiten holländischer Fregatten vertreiben. Auf der Weser brachten die Grönlandfahrer ihre kostbare Fracht von Tran und Fischbein nach Hause. Umgekehrt winkten die Auswanderer hier der Weser ihren Abschiedsgruß zu, wenn der Dampfer den Bug gen Amerika wandte. Allein 1851 brachen hier 40 000 Auswanderer in die Neue Welt auf. Der Lloyd-Schnelldampfer, unter Segel und Dampfmaschine, erreichte New York binnen 14 Tagen. Und heute? Die Fischkutter, deren Segel noch vor 30 Jahren die Wasserfläche sprenkelten, sind fast alle verschwunden. Containerfrachter mit haushohen Bordwänden und menschenleeren Decks fahren stromauf. Alles ist anders - aber die Weser fließt, nimmt unbeirrt ihren Weg ins Meer, wie seit Urzeiten.

Der stürmische Wind zaust uns die Köpfe. Am alten Leuchtturm nehmen wir Abschied vom Strom.

In Bremerhaven nehmen wir Abschied von der Weser

Literatur

Weser

Löbe, Das Weserbuch
CW Niemeyer, Hameln, 1968

Dasenbrock (Hsg), Weser: Stadt, Land, Fluß
Steintor, 1987

Garfs, Das Weserbergland zwischen Münden und Minden
CW Niemeyer, Hameln 1987

Gläbe, Die Unterweser
Eilers & Schünemann, Bremen 1963

Allmers, Marschenbuch (Reprint)
Schuster, Leer 1979

Mayr/Beyer, Radtouren rund um Bremen
Bremer Blatt, Bremen 1985

Flüsse und Seen in Deutschland
ADAC, München 1988

Merian-Heft Das Weserbergland
Hoffmann & Campe, Hamburg 1953

Meier/Theissmann, Weserlandschaften
W.Hütte, Horn-Bad Meinberg 1981

Garfs, Das Weserbergland zwischen Münden und Minden
CW Niemeyer, Hameln 1987

Geschichte

Lauer, Archäologische Wanderungen
Angerstein 1983

Wilhelm Raabe

Münchhausen

Schumacher, Die Weser in Geschichte und Sage (Reprint)
Karen Beume Buchhandlung, Münden 1988

Wittich, Der letzte Flößer erzählt
Oberweser Schriften, Gemeinde Gieselwerder 1978

300 Jahre Hugenotten in Hessen (Ausstellungskatalog)
Weber & Weidemeyer, Kassel 1985

Heyer, Mittelalter
Freies Geistesleben, Stuttgart 1985

Winston, Karl der Große
Steingrüben, Stuttgart 1956

Kunst, Architektur

Reclams Kunstführer Deutschland Band V
Philipp Reclam, Stuttgart 1984

Kreft/Soenke, Die Weserrenaissance
CW Niemeyer, Hameln 1964

Wittich, Fachwerkhäuser in Oberweser
Oberweser Schriften, Gemeinde Gieselwerder 1979

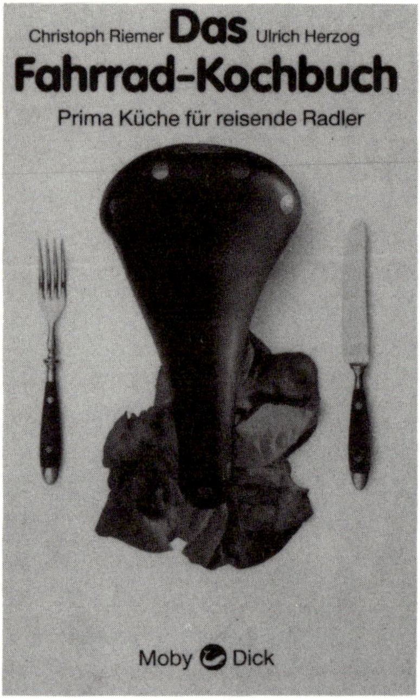

Tütensuppe und Dosenfraß, nein danke!
Wer unterwegs ist, möchte beim Essen keine Strapazen mehr erleben – auch mit Benzinkocher und Campinggeschirr läßt es sich f.f. speisen.
Alle Rezepte, vom Power-Frühstück bis zum Sonnenuntergangs-Dinner, sind übersichtlich und anbrennsicher beschrieben und für jeweils zwei Personen gedacht. Jede Speise wird einfühlsam gewürzt durch ein Literaturzitat (von Goethe bis Karl May).
Auch namhafte Persönlichkeiten unterstützen das Fahrradkochbuch: Radchampion Rudi Altig, Greenpeace-Aktivistin Monika Griefahn, Bremens radelnder Senator Henning Scherf und Nobelkoch Eckart Witzigmann tragen mit Gastrezepten zur guten Verdauung dieses Werkes bei.
Das Fahrradkochbuch muß in jede Packtasche.

136 Seiten DM 19,80
ISBN 3-922843-30-1